阳明心学日课

海凌 著

中国发展出版社
CHINA DEVELOPMENT PRESS

图书在版编目（CIP）数据

阳明心学日课 / 海凌著. —北京：中国发展出版社，2019.11
ISBN 978-7-5177-1096-7

Ⅰ. ①阳… Ⅱ. ①海… Ⅲ. ①王守仁（1472-1528）—心学—研究
Ⅳ. ①B248.25

中国版本图书馆CIP数据核字（2019）第268411号

书　　名：阳明心学日课
著作责任者：海　凌
出 版 发 行：中国发展出版社
联 系 地 址：北京市西城区裕民东路3号9层　100029
标 准 书 号：ISBN 978-7-5177-1096-7
经　销　者：各地新华书店
印　刷　者：河北鑫兆源印刷有限公司
开　　本：880mm × 1230mm　1/32
印　　张：12.25
字　　数：262千字
版　　次：2020年3月第1版
印　　次：2020年3月第1次印刷
定　　价：68.00元

联 系 电 话：（010）88919581　68990692
购 书 热 线：（010）68990682　68990686
网 络 订 购：http://zgfzcbs. tmall. com//
网 购 电 话：（010）88333349　68990639
本 社 网 址：http://www.develpress. com. cn
电 子 邮 件：179788905@qq. com

目 录

明心篇

阳明心学基础架构，缺失几百年，若不明，皆是无明

致用篇

阳明心学修习之法，最宜深讲，效不效，全在乎此

明心篇

阳明心学基础架构，缺失几百年，若不明，皆是无明阳明心学的修行实录，就一本《传习录》，通读《传习录》，不难将阳明心学的几个关键点挑出来，串起来。

关键点一：心外无物、心外无理；

关键点二：事变，皆在人情里；

关键点三：思维，同样是物，是结果；

关键点四：所以我们能做的，只有老老实实地，依着情绪感受，实实落落依着他做去；

关键点五：唯有如此，方能了悟知行合一。

这个线性结构很适合人世间的修行，因为有了时间的前后，可以一步步地落实执行，可为什么这么修，怎么能够保证按这个顺序修行，就能够向阳明先生所承诺的那样“依此修行，直达圣域”，很少有人探究了。

五百多年来，这个部分缺失了，同样的意思，也正如阳明先生在《传习录》中一再强调的，只是对日常对话的记录，会有很大的理解偏颇的风险，这份风险的根源在于，阳明先生的世界构成结构，和一般人是不太一样的。

阳明先生的世界构成，用一句话来代表，就是“夫大人者，以天地万物为一体也”。一般人的世界构成，用一句话来代表，就是“我是我，你是你，我们是独立的个体，我拥有的资源、时间、力量，都是有限的”。

这码子随着时间的流逝，差的可就越来越大了。到了近代，我们想修习阳明心学的人，更多地能看到的，只是阳明先生的生平解读，要不就是传奇故事，和阳明先生的“四句教”机械地牵扯在一起。想修习阳明心学，想将阳明心学应用于生活？最多只能做到“照猫画虎”，拿着圣人的样子，在自己的生活中描描画画。

所以我先补上这个部分吧，讲到阳明先生感受世界的方式，以及他对世界建构的根本认识。

第一部分“明心篇”，也可以说是基础知识篇，我用了四章的篇幅，来介绍阳明心学的世界构成、基础架构，若读起来太过枯燥，您可以跳过去，直接进入第二部分，也就是致用篇，读第五章：立志。

阳明先生的世界构成，在五百年前是说不清道不明，或者只能意会不能言传的。得益于五百年来科学的发展，量子物理一点点地揭开了世界构成的根本规律，意识在世界建构中的作用和机制，并发现了，不论是物质还是意识，都是能量在不同的振动频率和振动等级下，不同的外在表现形态。这个部分，也终于有了补上的可能性。

阳明心学，也进入了阳明能量学的新天地。

第一章

阳明先生的花，开了没有

第一课　彪悍的人生，如何复制

王守仁，字伯安，号阳明，浙江余姚人。明朝著名的哲学家、军事家、教育家、文学家，“心学”创立者。

少年时，阳明先生便胸怀大志，以“正身修心、平治天下”为己任，后因体弱多病，为养生而接触佛、道思想，并在家乡的“阳明洞”中习道家导引术以养生，因此以“阳明”为号。

青年时，阳明先生步入仕途，却因上疏触犯权倾朝野的宦官刘瑾，被廷杖四十，并贬至偏远山区——贵州龙场。

在龙场任驿丞期间，尽管环境恶劣，居无住所，三餐难以为继，但阳明先生依然励志修身传道不已。终于在一个夜晚，领会了“格物致知”的要理，洞见了自己的本来面目，彻悟了“知行合一”这一天地间的大智慧，从而创立了影响后世至今的一门学说——“心学”。从此，“心外无物、心外无理”“知行合一”这十二个大字，一直闪耀在思想、政治、军事乃至哲学的夜空，经久不衰。

如果有最难理解的人类文字排名的话，阳明先生的“心外无物、心外无理”“知行合一”绝对可以轻松排进前三。因为所有人都知道，阳明先生的“心学”，绝对不止是一门学问，它有着让良知的本能——智慧显露出来的本事，以此应事接物，便能心定神明，洞察到事物的本质规律，顺势而为，从而事半功倍。

阳明先生的后半生，就是他离开龙场之后的人生，确实也是厉害得像是开了外挂。什么叫外挂？简单说，就是在打游戏的时候，你可以根据自己的需要改自己的兵力、资源和生命值，你可能打不赢吗？

从龙场离开后，阳明先生连升三级，任南赣巡抚，他以超绝的智慧和才干，只用了很短的时间就剿灭了盘踞江西多年的众多巨寇，并在宁王叛乱的紧急关头，处变不惊，沉着应对，仅用四十二天生擒宁王，平定叛乱。阳明先生以其显赫的战功一路升迁，官至南京兵部尚书，封新建伯，卒后谥号文成。

守仁公可是一个“完人”啊。

有明三百余年江山，以文臣治军者，无出守仁之右。

上马为将，下马为师。

文能安邦济世，武能保家卫国。

彪悍的人生，如何复制？

如何得其精髓，快意人生？

阳明先生的职业生涯，无疑是超级成功的，文武双全不说，皇帝召唤，他是上马就战，且战无不胜，不打仗的时候，他就踏踏实实地教书，勤勤恳恳，好像一个兢兢业业的私塾老先生，那些金戈铁马的经历和自己没有关系。阳明先生是在官场中的，同时又是超越一个简单的“当官”的概念，阳明先生的生活，前无古人，后无来者。

无论您是初涉人世，还是已经在职场里浸润多年，遇到了职业倦怠期，或者上升的瓶颈，那么，欢迎来到阳明心学的世界，这里有阳明先生亲自传授的“九阴真经”，当然，您习惯“降龙十八掌”，也可以在阳明心学中，找到最厉害的出招方式。阳明先生的学问，不只是讲给当时的弟子和门徒听的，即便是在五百年后的今天，也同样可以帮助每一个生活在当代的人，实实落落地应用到生活中去。

所以，请告诉您自己，您内在的部分，那沉寂已久、您所没有活出来的自己的这部分，“我已经准备好，迎接最好的自己来到这个人世间了。”然后，请您将自己此刻的感受，以及所有与本书相遇的相关的事情，在后面的空页上，全部记录下来。

[今日功课]

1、记录下自己与本书相遇的相关的事情。

2、遇到的生活困扰。

第二课　这花，到底开了没有

说到阳明先生的外挂人生，很容易激起我们内在的雄心壮志。同样，这也是阳明先生的“心学”最让人难以理解的地方。传奇性的人生，辉照日月的“心学”，留下的，是一部厚厚的《王文成公全集》，翻开阳明先生的书，句句都能看明白，但又似哪一句都抓不到要领，即便是全部看下来，也不知道怎么应用于生活。

反反复复的就那么几层意思，“心外无物、心外无理”“知行合一”。心外无物，心外无理，好，那心外有什么？我们每天所见、所闻、所感的是什么？“知行合一”，多少人理解为脑子里的知识和日常的行为要一致。比如说我想做个孝子，就一定要拿孝子的标准严格要求自己，这叫知行合一；做不到，就是知行不合一。这一点，误了多少儒生和子弟。

阳明先生的著作中，更是充满了各种各样谜题似的段落，最广为人知的，是下面这一段：

> 你未看此花时，此花与汝心同归于寂。你来看此花时，则此花颜色一时明白起来。便知此花不在你的心外。

谜不谜题，难不难懂？千古谜题啊！这花，到底开了没有？

故事背景：

有一年春天，阳明先生和他的朋友到山间游玩。朋友指着岩石间一朵花对阳明先生说：你经常说，心外无理，心外无物。天下一切物都在你心中，受你心的控制，你看这朵花，在山间自开自落，你的心能控制它吗？难道是你的心让它开，它才开的；你的心让它落，它才落的？

阳明先生的回答很有味道："你未看此花时，此花与汝心同归于寂；你来看此花时，此花的颜色就一下子明白了起来，便知此花不在你的心外。"

笔者悟透这句话用了三年，整整三年，然后用了四年的时间，才悟出如何把这句话解释明白。这种明白，是那种即便是对阳明心学完全不了解的人，也会恍然大悟的明白。所以，请相信我，我一定能让您明白阳明先生这句话中的深意。

只是，我们每个人，都是在做自己的功课，您可以跳过今天的功课，直接往下看，同时，我也强烈建议您，踏踏实实地，跟着下面的提示，试着做一做。

您看看自己眼前有什么，有什么就用什么，比方说，我的面前有一个我非常喜欢的杯子，那么，我今天的功课就是，看着这个杯子，嘴里说着这样几句话：我未看此杯子时，此杯子与我心同归于寂；我来看此杯子时，此杯子的颜色就一下子明白了起来，便知此杯子不在我的心外。

重复多少遍呢，往少了说，三十遍吧。往多了呢，咱们都知道阳明先生格竹子的故事吧。

如果您特别的天资聪颖，人见人爱，花见花开，那么，请您试一下，将上一节课的那个属于您自己的生活困扰带进去。

举个例子：我的生活困扰是上司看我不顺眼，处处刁难我。

那么，您嘴里的这几句话就成了：我没遇到我的上司时，别人对我的不顺眼和刁难与我心同归于寂；我遇到我的上司之后，别人对我的不顺眼和刁难，就一下子明白了起来，便知别人对我的不顺眼和刁难，不在我的心外。

仔细整理你的生活困扰，耐心一点，试着完整地说出来。说完什么感觉，有没有被惊到了？

阳明心学的效果就是这么立竿见影，洗脑涤髓，堪与《洗髓经》媲美。现代阳明心学的学习，真的可以少走很多弯路，须知阳明先生当年，可真是扎扎实实走了很多弯路的。

据《传习录》记载，阳明先生和朋友在年轻的时候，有过一段七日格竹而病的经历：

阳明先生说："大家都说要遵循朱熹的格物致知学说，但能够身体力行的并不多，我年轻时候，曾经实实在在地做过。有一年，我跟我的朋友一起讨论通过格物致知来做圣贤，决定先从自家花园亭子前面的竹子格起。我的朋友对着竹子想穷尽其中的理，结果用尽心思，不但理没格到，反倒劳累成疾。于是我自己接着去格竹子，坚持了七天，结果同样是理没有格出来，自己反倒生了一场大病。当时还以为自己和朋友没有做圣人的能力，现在想起来，朱熹的格物致知，从认识的对象、认识的方法、认识的目的上说都搞错了。这里的深意，却是要告诉诸位的。"

总的来说，这是一个悲哀的故事，一个人朝着错误的方向，努力了很久，最后把自己搞得生了病。然后，这个人的朋友，也就是阳明先生，因为隐约地觉得有希望，自己又朝着这个方向努力了更久，最后生了一场大病，才放下了。一直到很多年以后，自己明白了当初的方向有问题，这才原原本本地，把自己当年的弯路，交代了出来。

同时，我们也很容易看出，阳明先生是个实在人。他想当圣贤，就抓住一切可能，探寻所有的途径，不怯于在一丛竹子面前坐上个七天七夜。据此，我们能够理解，阳明先生为什么会成功了，这样的人不成功，什么样的人才能成功？

现在的我们是幸运的，我们不用再自己去寻找什么方向是对的，阳明先生的原话明明白白地摆在我们面前，我们直接拿来用就是了。

开始吧：我未看此杯子时，此杯子与我心同归于寂；我来看此杯子时，此杯子的颜色就一下子明白了起来，便知此杯子不在我的心外。

要彻底地理解阳明先生的这句话，咱们且听下回分解。

[今日功课]

试着写下来，将您的生活困扰，代入阳明先生的话里，会是什么样子的？

第三课　文字性心理图像（一）

为了说明阳明先生的花到底和自己是什么关系，请您看一下下面这个词：

鲜　花

你是从第几眼看到这个词的？

一眼就认出来了对么？

你需要看这个笔顺是怎么写的么？

需要看这个“鱼”是在什么位置么？

有没有把这个撇捺折都看清楚？没有，对不对？

是的，我们看的是整体，一眼就看出来了。

我们往回走走看，最早最早上小学的时候，这两个字对我们每个人，都不是很容易的。

每一个字，都是我们摊开一个小田字格本，一个字一行，一个字一行地写，努力地将这个字记在我们的脑海里，形成图像，然后在之后的考试中，课文学习的过程中，不停地重复运用，不停地在各种环境中用到这些字，一遍遍加深记忆。先记住了“花朵”的“花”，然后是“新鲜”的“鲜”，后来这两个字放在一起的时候，我们也一眼就认出“鲜花”来了，这两个字就成为了一个整体的文字图像。当我们看到这两个字的时候，这个文字图像一下子就从我们的心里被调取了出来，不用细看，我们就知道，这是“鲜花”这个词组。

接下来，我们再看一句话：

久经沙场、身经百战

是不是同样，我们扫过一眼这句话，就知道，这是两个成语。同样，我们甚至不去分辨这样的一句话中每个字的字形。等到初中毕业的时候，“久经沙场、身经百战”就能成为整体的一个文字图像。

我们现在成年了，认的字也越来越多。

我们在用什么来读书？是用我们在成长的过程中，积累起来的字、词、句子，甚至段落的文字性心理图像，来“读书”。书放在面前，我们的眼睛从书上扫过，一个字一个字，一个词一个词，甚至一个段落一个段落，相应的文字性心理图像就从我们的内在自动化地被调用出来。我们内在本来对这些文字性心理图像的理解，串在一起，使得我们完成了“读书”这个过程。

再来看一段话：

神奇的事情发生了：据研究表明，汉字的序顺并不定一能影阅响读，比如当你看完这句话后，才发这现里的字全是都乱的。

这是我在微信中看到的一句话，里面语序都是乱的，但并不影响你第一眼看过去顺畅的理解，这说明什么？说明我们认字的过程，是调出我们内在的心理图像，去和书上的字做对照，大致对上就行，我们就能理解。这是个很新的概念，和我们平常理解的不太一样。

我们不是在认字，认印在书上的那几个字，恰恰相反，是“鲜花”这几个字，唤醒了我们内在的心理图像，根据我们内在储藏的这个词的意义，我们就理解了“鲜花”这几个字。

对于每一门语言，我们的内在都存储着大量的文字性心理图像。基本上，要有 5000 个单字或者单词，再加上 5000 个词组或者固定搭配的词句，我们就能够宣称自己掌握了这门语言。

我们在读一本书之前，并不需要把这上万的文字性心理图像都调出来检查一遍，看看它们都还在不在，才敢开始阅读。我们有一份简单而深厚的信心，在阅读的过程中，所有的文字性心理图像，都会自动地浮现出来，并带着我们内在的理解，一起组成了对这本书的理解。我们就这样，行云流水般地完成了一本书的阅读。

有点概念了，是不是？再请大家看一张图：

这是我从初中到高中，整整六年，每天都要经过的一栋建筑物，我上学坐车，需要换一次车，这就是我换车的车站旁边的建筑物。想着当年，小小的刚上初一的自己，站在这栋建筑物前，仔细辨认上面的文字，然后得出了自己的结论，嗯嗯，这个建筑物叫作“全国土产”。想来，里面一定有各种各样的好吃的吧，一定汇集着全国各地的珍馐美味，令人神往。

后来上了大学，高中同学聚会，说约个大家都熟悉的地方吧，很好找，就在人民商场路口的东北角，有个金圆大厦，顶层旋转餐厅。人民商场我熟啊，每天都在东北角换车，六年，没法更熟了。于是，我兴冲冲地来到了人民商场的东北角，可是，就是找不到金圆大厦！

说到这里，大家应该都明白了怎么回事，我从初一开始，就一直认为矗立在那里的“全国土产”，实际上是“金圆大厦”！那时候没有手机，只有BP机，反反复复几次，我呼我的同学，然后他找公用电话回给我，然后，过一会儿，我还没到，他又呼我，我又在路边找公用电话回给他。一直到我们不再谈大楼的名称，直接谈位于某个位置的旋转门，我才找到了吃饭的地方。而进入金圆大厦的一瞬间，我就知道自己认错了，因为酒店的大堂里，就明明白白地用隶书写着四个大字，“金圆大厦”。

为什么会有误会？原因其实很简单，我的内在心理图像，是“全国土产”；而外在的那个高楼顶上，所有人看在眼里的是“金圆大厦”。我看到这个大楼的时候，只会按照自己内在的心理图像去理解和解释这栋建筑，如果不是这次吃饭，估计我到现在都会认为，上中学时每天经过的那座建筑，叫作“全国土产”。

我未看此楼时，此楼与我心同归于寂；我来看此楼时，此楼的颜色，“全国土产”，就一下子明白了起来，便知此楼不在我的心外。

[今日功课]

请您阅读下面几幅文字，并从中分辨出，内在心理图像的部分和外在文字内容的部分。

像不像“采药超人？”可真相是：“大道无为”，您读对了吗？这是青城山门口的一块石碑，很多人都把它认成了“采药超人”，而且，知道了是“大道无为”的我，仍然无法抹去脑海中“采药超人”的印记。

问题一：如果一个人将“大道无为”认作了“采药超人”，那么这个人的内在心理图像和外在文字内容的部分分别是哪一个，“大道无为”、“采药超人”，分别是哪一个？

问题二：内在的文字性心理图像和外在的客观世界，它们总是统一和一致的吗？

像不像“杜甫能动”？其实是：“勤能补拙”，这是行书，作者不详，我们看了沉默，杜甫看了流泪……

问题三：决定我们对世界的理解的，是外在的“客观现实”还是内在的“心理图像”？

问题四：我们内在存储的文字性心理图像，多不多？信息量大不大？

第四课　文字性心理图像（二）

我们每门语言，都有上万个心理图像，在我们不需要认出文字的时候，那些心理图像就在我们的内心存储着，沉寂着；当我们遇到这些文字的时候，内在的心理图像就会自动地升腾而出，在我们的脑海中自动赋予意义，使我们明白我们看到了什么字，而且自然地连接起这些文字的意义。这些心理图像，存储在您的内心，随取随用，方便至极。

您在看书，是的，书好像是在您之外，眼前的这本书，好像是在您的心外。您可以坚持这一点，也可以试着去感受，决定您对这本书的理解的，到底是书上的文字内容，还是，您的内心，对这本书的解读和赋予的意义？

听起来，熟悉不熟悉？

你未看此花时，此花与汝心同归于寂。你来看此花时，则此花颜色一时明白起来。便知此花不在你的心外。

你未看此花时，这朵花并没有进入你的意识的范畴，只是在你心底的某个角落，以你的头脑所不感知的方式，静悄悄地开着，如同那些没有被调动的文字性心理图像；你想到这朵花或者看到这朵花时，这朵花就从你潜意识的仓库中，自动化地被调取了出来。你的内在，所有和这朵花相连的心理图像，以及和这些心理图像相连的情绪和感受，都被调取了出来，呈现在你意识的表面，如同你在阅读这一课时，那些被自动化调取的文字性心理图像。

这本书，同样不在您的心外。

[今日功课]

请读出下面的文字：

錜、顯、陧、闑、钀、鋷、瓯、䙔、岳、擘、傿、产、㕟、嶂、喴、𡑒、埘、呫、噤、垀、厗、匫、匢、嫭、锝、淂、鍀、悳、厺、北、㨑、梂、扏、檽、怵、崤、嫛

问题一：有文字性心理图像的字有几个？

问题二：随着阅读（不一定能读出来）这些文字，您内在升腾而起的情绪和感受是什么样的？

问题三：读不出这些字，受不受挫？郁不郁闷？

第五课　图像性心理图像（一）

阳明心学博大精深，从文字到花朵，我们的心理图像，也从文字性心理图像，进入了图像性心理图像的范畴。阳明先生是非常善于应用图像性心理图像来说明问题的。

先生曰："立志用功，如种树然。方其根芽，犹未有干；及其有干，尚未有枝；枝而后叶，叶而后花。实。初种根时，只管栽培灌溉。勿作枝想。勿作叶想。勿作花想。勿作实想。悬想何益！但不忘栽培之功，怕没有枝叶花实？"

翻译过来就是，先生说："立志用功，宛若种树。开始生根发芽，没有树干；有了树干，没有枝节；有了枝节，然后有树叶；有了树叶，然后有花果。刚种植时，只顾栽培浇灌，不要想枝，不要想叶，不要想花，不要想果。空想有何益？只要不忘记栽培浇溉的功夫，何愁没有枝叶和花果？"

请问，在你的脑海里，是不是出现了一幅画面，一棵树从种子发芽开始，渐渐地成长，有了树干，接着，渐渐地有了枝，再后来，有了叶、花、实，最后，成长为一棵郁郁葱葱的大树。

在不同的人、不同的想象中，树的品种可能不尽相同，相同的是，这棵树成长的过程，结合阳明先生的论点，在我们的心里形成了活生生的画面。这个画面，叫做图像性心理图像，这个图像是被阳明先生的这句话所调动出来的，就像前面看书时的文字一样，这个过程是自动化的。随着这个树的图像越来越繁盛，我们也同样抓取到了阳明先生这段话的精髓，我们只用负责自己的认真和精彩，其他的部分，老天自有安排。

再看这一段，说孟源的私欲，也是用树的图像做的比方：

［原文］

孟源有自是好名之病，先生屡责之。一日，警责方已，一友自陈日来工夫请正。源从旁曰："此方是寻着源旧时家当。"

先生曰："尔病又发。"

源色变，议拟欲有所辩。先生曰："尔病又发。"因喻之曰："此是汝一生大病根。譬如方丈地内，种此一大树，雨露之滋，土脉之力，只滋养得这个大根。四傍纵要种些嘉谷，上面被此树树叶遮覆，下面被此树根盘结，如何生长得成？须用伐去此树，纤根勿留，方可种植嘉种。不然，任汝耕耘培壅，只是滋养得此根。"

［译文］

孟源自以为是、贪求虚名的毛病屡屡不改，因而受到老师的多次批评。一天，先生刚刚教训了他，有位朋友谈了他近来的功夫，请先生指正。孟源却在一旁说："这正好找到了我过去的家当。"

先生说："你的老毛病又犯了。"

孟源闹了个大红脸，正想为自己辩解。先生说："你的老毛病又犯了。"接着开导他："这正是你人生中最大的缺点。打个比方吧。在一块一丈见方的地里种一棵大树，雨露的滋润，土地的肥沃，只能对这棵树的根供给营养。若在树的周围栽种一些优良的谷物，可上有树叶遮住阳光，下被树根盘结，缺乏营养，它又怎能生长成熟？所以只有砍掉这棵树，连须根也不留，才能种植优良谷物。否则，任你如何耕耘栽培，也只是滋养大树的根。”

有没有看到孟源那棵大树，在我们的脑海里？

和文字性心理图像一样，我们每个人的内在，也存储着大量图像性心理图像。阳明先生正是善用我们每个人内在都具有的图像性心理图像，将深刻的道理用比喻的方式，唤醒了我们自己内在的“大树”，也就是我们的图像性心理图像。不论是从发芽而起，成长为郁郁葱葱的大树，还是根深苗壮，使得身边的嘉谷都无法生存的“私欲”的大树，都活灵活现地出现在了我们的脑海里，和我们的内在感受连接在一起。我们也自然而然地理解了阳明先生想要传达的意思。

[今日功课]

问题一：如果把您的生活困扰，想象成一幅图像，会是一个什么样的场景？

问题二：直接引起我们冲突情绪和感受的，是外在情况的发生，还是我们内在自动化地被唤醒的图像性心理图像？

第六课 图像性心理图像（二）

同样，在生活沟通的过程中，图像性心理图像也是至关重要的。俗话说，商场如战场，更好地理解和把握对方的图像性心理图像，可以帮助我们更好地理解对方，达到“不战而屈人之兵”之效。阳明先生，就是这么做的。

正德十二年（1517 年）正月，王守仁正式到达江西，开始履行巡抚的职责。可到了这里他才发现，情况和想象的有很大不同。

原来王琼任命他的时候，私下说是安排下基层锻炼，转转就行了，然而王守仁到地方一看，才发现他的辖区当时正盛行一种特产——土匪。

王阳明，一介书生，手中没有一兵一卒，以前从不曾带兵打过仗。到达南赣后，面对民匪一家亲的局面，他会怎么办呢？他给南赣百姓写了一个情真意切的《安民告示》：

本抚明白，贼众万人，首恶也只不过四五十人，其余的都是一时被胁迫，惨然于心。……

你们何不用为贼的勤苦精力，来用之于农耕、商贾，过正常的舒坦日子？……

本抚对新抚之民，如对良民，让他们安居乐业，既往不咎。……

你们都是大明赤子，本抚不能抚恤你们，而去杀你们，痛哉痛哉！走笔至此，不觉泪下。

告谕贴出后，王阳明又派人给乱民们送去牛、酒、银子和布匹以示友善。各处山匪见告谕言辞诚恳，且有情有理，莫不感动。卢珂、郑志高、黄金巢各率手下前往巡抚衙门接受招安，情愿杀匪立功。

不战而屈人之兵。王阳明用一篇安民告示就划清了被裹挟百姓与真正土匪之间的界限，土匪数量立马减去大半，威力竟胜过朝廷过去用来剿匪的十万“狼兵”。之后他又用严苛的“十家牌法”彻底切断百姓与土匪的联系，训练乡勇，先易后难，消灭了谢志山、池仲容等几个顽寇，短短时间内，就平定江西南部累年巨寇，并且朝去夕平，如秋风扫落叶，远近将他看作是神一样的人。

一篇安民告示怎么会有这么大的威力呢？细读之后你就会发现这实在不是一篇普通的官府发给百姓的安民告示，它更像是一封慈父严兄写给迷途的孩儿和兄弟的一封情真意切的书信。它具备了沟通成功的几个要素。

一、理解接纳对方的正当需求，将土匪的自我心理形象从“土匪”转换成“老百姓”。王阳明首先站在百姓的角度承认百姓“或为官府所逼，或为大户所侵，一时错起念头，误入歧途”。他说，我懂你们老百姓，你们也不愿意当土匪，实在是有不得已的苦衷。手里拿着刀的土匪，一瞬间就想起了自己当老百姓的日子，和被逼无奈上山为匪的苦衷，虽然外形上还是土匪，而在这些人的自我心理图像里，成为了“被逼无奈上山为匪的老百姓”。正是由于唤醒了这个心理图像，王阳明与迷途百姓立马由“对立方”转化为“自己人”。

二、为对方澄清利害关系，让迷途百姓真正看清楚现在的处境图像。王阳明指出百姓当土匪后日子也不好过，过的是担惊受怕，人不人鬼不鬼的苦日子；更加指出由于他们的错误行为带给别人的危害：“是你们使我良民寒无衣、饥无食、居无庐、耕无牛。想让他们躲避你们，他们就失去了田业，已无可避之地；让他们贿赂你们，家资已被你们掠夺，已无行贿之财。”王阳明告诉百姓他们选择的当土匪之路实在是不明智的，没有前途的，甚至是有百害而无一利的。这种难堪的景象，其实迷途百姓心里多少也明白点儿，现在王阳明为他们条理清晰地指出来，犹如当头棒喝，一语点醒梦中人。当这份心理图像清清楚楚、明明白白地摆在面前的时候，已经有了“老百姓”这个心理图像的迷途百姓，很自然是想离开这种土匪的生活的。

三、为对方指出一条光明大道，描绘出迷途百姓最向往的心理图像。“何不用为贼的勤苦精力，来用之于农耕、商贾，过正常的舒坦日子？……本抚对新抚之民，如对良民，让他们安居乐业，既往不咎。”王阳明为他们唤醒正常人的生活景象，而且向他们保证，由于自己的存在，是有很大的几率帮助他们将这个安居乐业的心理图像落入现实的。说明白了与土匪合作是死路一条，那么此时，与官府合作成为了迷途百姓唯一的生路。

四、最重要的表明自己爱对方的一颗真诚心。“不是本抚非要杀你们，……大明赤子，本抚不能抚恤你们，而去杀你们，痛哉痛哉！现在本抚先礼后兵，希望你们迷途知返。”将迷途百姓作为土匪杀掉，在阳明先生描绘出的这幅图像里，自己是抚胸大呼，痛啊痛啊！正因为这幅图像，使得阳明先生提出了，这封信到现在为止，对迷途百姓的第一个要求：回来吧，回来吧，回来就能过正常日子了。

五、语言浅显明白。王阳明是博学的大儒，但是面对整体受教育水平不高的老百姓，王阳明的安民告示语言浅显明白，一读就懂。这份告示写得真是“明明白白我的心，捧出一份真感情”。老百姓读懂阳明大人一颗爱他们的诚心后，自然也就为之感动和感化了，纷纷奔走相告，弃暗投明。

王阳明的安民告示不仅创造了“书生带兵剿匪”的奇迹，也创造了文字沟通交流的奇迹。正是对迷途百姓的心理图像的精准理解和把握，才创造了土匪纷纷下山，数量立马减半的奇迹。

[今日功课]

在你的生活困境中，有没有你想争取过来，化敌为友的人？那请你按照这份安民告示的范例，自己整理一下思路和语言？

第七课　图像性心理图像（三）

我们经常会看到一些线条，就是女人的曲线。女人的曲线是从肩部以下慢慢的往内收，从腰部放大到臀部，然后下面的腿是笔直的。下边的花瓶是从哪一段提炼出来的？就是腰臀部的女人曲线。

通常每个人心目中，最美的女人都是自己的母亲，所以，您要了解了图像性心理图像就会明白，为什么一个古董花瓶可以卖出天价。因为在购买者的心目中，为母亲花多少钱，都是值得的。我们看着一个花瓶的时候，内在的关于母亲的心理图像，也会同时投射到这个花瓶上，瞬间，这个花瓶就吸引了你的注意力，引起了你的喜爱之意。

这个过程，是把我们心目中最深层的图像化的心理图像提炼出来，升华为各种形式，应用于各种各样的艺术场景，成为了艺术创作。

这个过程同样是自动化的，我们从出生之初，母亲的形象和曲线就印在了我们的脑子里，渐渐地沉入到了我们的潜意识深处，不为我们所觉察。当生活中有类似女性曲线的图像映入眼帘的时候，除了我们头脑中知道这是一个艺术品、一个花瓶的部分，我们内在，关于女性曲线的心理图像也会同时出现，激发起我们深层次的共鸣，我们会由衷地赞叹和喜爱这个艺术品，而全然不觉，这份由衷的喜爱是和我们内在对母亲形象的迷恋紧密地结合在一起的。

在生活中也是这样，如果你对某个上司的乱发脾气十分反感，而完全无法体会，他是想让你做得更好，只是不知道怎么更好地表达。那么，请你仔细回忆，在你成长的过程中，有没有一个经常乱发脾气的成年人，时刻围绕在你的左右，而你，全然不觉地，将对这个人的厌恶和愤怒，投射到了眼前这个乱发脾气的领导？以至于只要这个领导一发脾气，你就会退避三舍而唯恐不及，甚至经常性的，连带着这个领导交代的任务，你都觉得是他在和自己过不去。

[今日功课]

试着找出你的生活困扰中，相关的人士，尤其是你最反感的人士，看看他们在你面前的表现，是不是和你成长中的某个人非常相像，是不是和你成长过程中的某个场景非常相似？如果有，请写下来。

第八课 图像性心理图像（四）

关于图像性心理图像，我们还要认识一下下面这个小伙子：

奥雷利安·海曼

这是英国男子海曼，他有超忆症，记忆力惊人。他记得近10年来自己吃过的每顿饭、做过的每件事、每天如何穿戴……海曼现年20岁，出生在加的夫，现在在达勒姆大学攻读英国文学专业。

普通人用大脑右额叶储存长期记忆，海曼也不例外。他的长期记忆能力更强，因为他还利用左额叶（通常这个区域是用来处理语言的）和大脑后方的后头区（通常用来储存图片记忆）储存长期记忆。所有这些似乎都是在潜意识下发生的。海曼说：“对此我束手无策。我不知道我的记忆正在解码。这就如同能够快速查看一个档案柜里的资料，就像每一天都有对应图片。这是一个视觉过程，具有排列有序的图片。”只要给出一个日期，他就能立即说出那天他遇到了什么人，以及做过什么——甚至当天的天气和他午餐吃的什么。

据美国加州大学大脑研究专家詹姆斯·麦高称，科学家至今无法理解“超忆症”患者的大脑是如何工作的，“超忆症”患者的大脑对研究人员来说，堪称是一个无穷的宝藏。

奥雷利安·海曼的大脑存储量惊人的巨大，然而这就是我们人类大脑的极限吗？事实上，还差得很远。美国知名学者奥图博士说：人脑好像一个沉睡的巨人，我们均只用了不到1%的脑力。一个正常的大脑记忆容量有大约6亿本书的知识总量，相当于一部大型电脑储存量的120万倍。如果人类发挥出其一小半潜能，就可以轻易学会40种语言，记忆整套百科全书，获12个博士学位。

根据研究，即使世界上记忆力最好的人，其大脑的使用也没有达到其功能的1%，人类的智慧和知识，至今仍是“低度开发”！人的大脑真是个无尽的宝藏，可惜的是每个人终其一生，都忽略了如何有效地发挥它的潜能——潜意识中所蕴含的力量。

换句话说，我们每个人都记得我们身上发生过的所有事情，只是大部分的日常生活图像，都和那朵我们没有关注的花一样，在我们的潜意识中沉寂着。在心理咨询中我们也发现，通过催眠，我们可以轻松地调取我们很久以前的回忆，甚至在心里重现当时的场景。

到这里，我们不难得出以下结论：

无意识（潜意识）部分比平常所认为的要智慧得多，其中有大量的储备材料，每一天的生活，都作为图像性心理图像，储备在了我们的内心。

外部事物没什么真正意义，我们内心拥有的图像是有意义的。

用心理图像理解、应对外部事件，并产生行为，是真正重要的事情。

这个自动化的过程，帮助人们在生活中节省精力，保持意识的专注性。

同样，这个自动化的过程，使我们的意识被态度和信念程序化，它被人痛心地限制了，大多数人充其量不过使用了小部分的心理能力。

当心理图像和外部事物的偏差大到一定程度后，或者关系中的双方各自抱持相差甚远的心理图像时，就会引起误会、冲突和矛盾。

[今日功课]

请再描述一遍您的生活困扰，看一看，是不是和第一遍描述它的时候有了一些变化。请将变化的部分写下来。

第九课　事件性心理图像

［原文］

问："静时亦觉意思好，才遇事便不同，如何？"

先曰："是徒知静养，而不用克己工夫也。如此，临事便要倾倒。人须在事上磨，方立得住，方能'静亦定，动亦定'。"

［译文］

陆澄问："安静时我觉得自己的想法很好，一旦碰到事情，就不是那么回事了，这是什么缘故？"

先生说："这是因为你只知在静中涵养，却没有下克己功夫。如此碰到事情，脚跟势必站不稳。人应该在事情上磨炼自己，才能立足沉稳，才能达到'静亦定，动亦定'的境界。"

圣人孔子对自己的一生曾经也有个类似的说法，他说自己"用起功来就忘掉吃饭了，高兴起来就忘掉忧愁了，不知不觉暮年就要来临，就是如此罢了。"由此可以体会"静亦定，动亦定"的境界。

阳明心学的一大特点，就是奉劝诸位儒生，人要在事情上磨炼自己，在事上修，扎扎实实地将阳明心学应用到自己的日常生活中去。阳明先生正是深刻地了悟了我们内在的心理图像，会如何影响我们应对生活中发生的一切大事小情，所以，反反复复，一而再、再而三地告诫我们，要在事上修，要克己，要向自己的内心去看，心外无物、心外无理啊！

只是，如何从事上修呢？事情发生的时候，到底在我们的内心，发生了什么呢？别着急，您先看一下这篇科学日记。

“胃剧痛。”

“燥渴、耳鸣，睁开眼时，眼皮很痛……”

“四小时了，我的伤口、鼻、嘴开始出血……”

“我看不见体温表了，情况非常严重……”

这是芝加哥自然历史博物馆的研究员、动物学家卡尔·施密特博士的临终日记。那天，他下班后一个人在实验室里观察一条南美洲毒蛇，蓦地惊觉，毒蛇在他手指上咬了一口。他忙把毒蛇扔回网笼里，赶紧从伤口往外挤血，可是已经迟了，他开始感到头晕和恶心，想打电话求救，偏偏屋里电话坏了，别的办公室又都锁上了门。时间很快地过去……

这位67岁的老科学家知道自己性命不保，就坐在桌子旁，记录起自己垂死时的感觉和征兆，作为他最后的“实验报告”遗留给后世。这位科学勇士在被蛇咬了5小时后，终因脑溢血与世长辞……

卡尔博士用生命为我们记录下了被毒蛇咬了之后的痛苦历程，有这样的一份记录，我们就不难理解，被毒蛇咬过，然后又被抢救回来的人，内心存着一份怎样的惨痛记忆了。

“一朝被蛇咬，十年怕井绳”就是一个典型的事件性心理图像的呈现。被蛇咬以及被蛇咬后的境况苦不苦？苦；痛不痛？痛。被蛇咬之后非常疼，被咬的部分会迅速肿胀，蛇毒经由你的血液，迅速地向你身体各个部位蔓延。伴随着疼痛的，是一种对失去生命的恐惧和得不到血清的绝望。

所以对幸存者来说，被蛇咬这个事件，是个冲击力非常大的事件。被蛇咬这个事件在我们内心留下的印记，叫作事件性心理图像。

我们不仅在头脑里记住了我们被蛇咬的痛苦，我们的身体和身体里的细胞，同样记住了这份痛苦。所以，一旦我们的生活中出现一条躺在地上的绳子，普通人会看清楚，甚至没有看清楚，就走过去。而被蛇咬过的人呢，被蛇咬过的幸存者，他们在看到草绳的一瞬间，通常头脑还没有反应过来，身体就已经自动化地蹦到一边去了。

让我们把注意力放在幸存者不管三七二十一蹦到一边去的这个瞬间。让幸存者蹦到一边去的行为，是经历了什么样的过程呢？他看到了绳子，就自动地唤醒了内心存储的曾经被蛇咬的苦痛经历，可能头脑还有一丝理智，想着可能不是蛇，但身体等不及头脑的判断，立刻就按照遇到蛇的事件做出了反应，马上跳开。

在我们的工作中有没有这样的情况呢？比方说，我们曾在一次项目结案的时候，突然出了一个大纰漏，造成了很严重的后果，项目组几个月的心血付之东流，自己的心情也难过到了极点。

那么，在以后每次项目结项的时候，你会不会总是提心吊胆，生怕出问题，然后，到了结项的时候，明明是自己付出了很多的工作，都愿意交给别人去总结汇报，自己不去享受成功的喜悦。

而让我们没有办法去享受成功的喜悦的，恰恰是我们自己内在对结项出问题这个事件留下的恐惧，一到结项的时候，这个恐惧就会自动被唤醒，让我们远离成功的喜悦。通常我们会认为这个恐惧是个事实，不可更改，阳明先生要教给我们的，恰恰是如何看透这个恐惧的幻想，如何去掉这个“结项就出事”的私欲结构，让我们能够享受到一个项目完成时的那种成功的感受。

[今日功课]

问题一："一朝被蛇咬，十年怕井绳"，让幸存者一下子蹦到一边的，是外在的那条绳子，还是内心存储的事件性心理图像，以及那份被蛇咬的痛苦场景？

问题二：的生活困扰中，有没有类似"结项就出事"的心理图像，让你在工作中施展不开手脚？能把这种情形描述出来吗？

第十课　总结

再来看一遍阳明先生这句话：

你未看此花时，此花与汝心同归于寂。你来看此花时，则此花颜色一时明白起来。便知此花不在你的心外。

这花，到底在哪里？

花是一个图像，我们没有看到、想到这个花时，我们对于这朵花的影像、理解、赋予的意义，都在我们的心底沉寂着；当我们来看这朵花的时候，从颜色到气味，到美丽的形象，到我们感受到的美好，一下子，都在我们的心里被自动化地调了出来，你对花的理解、感受，视觉感官，构成了这朵花对你的全部意义。所以，这花，真的不在你的心外。

生活中的所有事件，也是如此。文字性心理图像、图像性心理图像和事件性心理图像，这些我们从小到大经历的一切、学习的一切和体验的一切，都以各种心理图像的方式存储在我们的脑海中，或者潜意识里，构成了我们的记忆。

在我们遇到相应的事情的时候，自动化地，我们调出了内在相应的心理图像，来进行应对。阳明心学的第一个关键概念就在这里，我们在生活上遇到的所有冲突点、困扰，这些情绪结构，本来就存在在我们的内心，外在的人事物，只是一个触发器，只是一个诱发点，让我们这些难受的情绪得以呈现，这些冲突、这些让你信以为真的事件，真的就和你看到的花一样，不在你的心外。

所有的难受，都是心病。

修身，就是修心。

第二章

阳明心学基础架构

现在，讲阳明心学的书很多，都很好，只是我发现了一个小小的空白的地方，就是阳明心学的一个基础架构。如果没有这个基础架构，那么读阳明先生的著作也好，看其他作者写阳明先生的书也好，都不过是在看故事，看别人的事。

500多年前的一个人，怎么就能在那一瞬间悟道之后，人生就像开了外挂一样？而且后世又有一小部分人悄悄地、秘密地、珍藏了一些东西，把阳明先生放在心底，用来应事对物，事半功倍。他们到底掌握了一些什么不为人所知的东西？那些东西我可以向大家保证的是，从字里行间，可以读出来，一定可以读出来。

这个不为人知的部分就是，平常人看事情习惯于向外看，事情发生了，我们习惯性地，会去看事情造成了什么后果，下一步要如何应对，而阳明心学是一个向内看的结构，事情发生了，我们通过阳明心学的训练要了悟的是，是什么造成了这件事情的发生，自己的选择在事情的发生中起到了什么样的作用，这个部分，通常不在我们的心外。是的，阳明心学是一门训练我们在日常生活中，了悟一切事情发生原因的课程。

说句通俗易懂的话，我们在生活中经常会遇到一些情况，经常会想不通一些事情，或者会在嘴边挂一句：他不知道这样做是不对的吗？真是不明白他为什么会这么做！

或者说：我们会不明白孩子为什么会这样；我们不明白老板为什么会这样；不明白你和你相爱的人为什么会做出那样的举动。或者，仅仅是“不明白”这三个字，就成为我们所有痛苦和纠结的根源。

而明白，这份明白，到底来自哪里？到底以一种什么样的状态呈现？到底什么样的一个明白之下，你才能够做到知己知彼？这份明白不只是明白自己，而且是明白别人，明白这个世间的真相。

我这个人比较古板，在做学问这个方面。所以，阳明心学的入门，仍要从最基础的部分开始。

第十一课
阳明心学基础架构（一）来，看场电影

是的，我们先花点时间看场电影。而且，鉴于阳明心学的种种奇怪的规矩，这场电影的内容，您自己定。您是去电影院看一场新的，是在电脑上看部收藏片，还是在脑子里将您最喜欢的电影慢慢地过一遍，都没有关系，都可以。

[今日功课]

当然您可以继续读这本书，我个人更希望您把这本书放到一边，去看一场自己喜欢的电影。看场电影的好处，一是您可以对后面的内容，有更直观的感受；另一方面，读了一段时间的书，看场电影似乎是个不错的建议；再者，如果您看完电影，再想不起来继续来看这本书，呃，这听起来也不错。

第十二课　阳明心学基础架构（二）我们对电影的感受

电影基础架构之一：在电影的世界里，事情并不像表面所见的那样。每一个场景在拍摄前都经过精心策划，甚至有很多导演，会在整个电影开拍之前，将电影中的主要镜头在稿纸上画出来，并根据脚本的内容一改再改。只有场景完全符合电影创作者所预想的故事论述方式，才能被剪辑成为最终成品。我们在荧幕上看到的电影最终成品，没有一幕是随意或者偶然的结果。每一幕都是为了对您产生特定影响——让您哭、让您笑、让您生气、让您开心——而精心设计的（到电影学院旁听任何一节影视赏析课，您会更加深刻地理解这句话的意思）。

回想最让您激动的镜头，流泪的画面，它所触动的，一定是您的某个旧有的心理图像。

[今日功课]

电影中您印象最深的镜头，触动的是您哪一个心理图像？

第十三课　阳明心学基础架构（三）电影的形成

一部电影通常两小时，其背后的制作周期，从电影的拍摄到上映，短则一年，长则两三年，涉及的人员，更是包括了导演、制片人、编剧、摄像、演员、剧务、美工、化妆等等。制作一部电影，动辄花费数百万元，动员上千人参与，还要使用极为复杂和昂贵的电脑与其他设备。

如果您到幕后去了解电影的实际制作过程，了解各个场景的实际模样，了解电影特效是怎样被制造和使用的，了解发生在剪辑室的事情，然后再观看屏幕上剪辑完成的成品，将这两种情况加以对比，您一定会为电影所涉及的复杂程度、时间、精力和努力程度而惊讶不已。正如您所知道的那样，电影的内容和画面具有绝对的说服力，而且必须有说服力，不然，我们就会中途离开电影院，或者，我们选择再也不看某个导演的电影。

为什么要投入如此多的精力、时间、努力和金钱来制作这样一部电影呢？或许您会说："为了赚钱。"没错，但是在电影能赚钱之前，必须发生什么事呢？必须先打动到观众，对吧？而且，为了打动到观众，必须发生什么样的事情呢？必须让观众产生共鸣。

我们看电影，会受到电影的触动，我们会在电影院大笑、哭泣、愤怒，但是无论是电影进行过程中还是电影散场后，我们都不会认为电影中的人物会跟着我们回家，我们也不会认为自己就成为了电影中的人物。我们知道，是现实生活中的人物，在电影中承担了一个角色，这个角色的体验，只存在于电影里，和扮演这个角色的演员没有太大的关系。

在电影之外，我们有足够的清醒来分辨这一切。

好的，我试着来解释“心外无物、心外无理”。和电影相类似，您人生中的一切也是如此。和在电影中一样，您在您的人生中也是承担了一个角色，不过，令人难以理解的是，您同时是您人生的制片、编剧、导演、演员、化妆师，只是在您作为一个角色在舞台上演出的时候，您忘记了这一切。

在您体验之前，每一个场景都被精心设计过，就像电影中的每一个场景都被设计得符合整个电影的意图一样，您人生中出现的每一幕，也都被设计成完全符合您的人生意图。不论在人生的进程中，您如何评判您的生活和境遇，为了帮助您以您自己想要的方式来度过您的一生，您都必须精心设计好您人生场景中的每样东西。而这些东西一旦被设计和呈现出来，就变成了一个外在的、可见的结果，对于这个结果，您可以不满意，但是，最关键的部分来了，如果您对一个电影的进程不满意，而且您有机会改写电影，那么，您会在什么环节做改动？

您会在编好的成片上改动吗？不会，最起码，您会到剪辑室、特效工厂去改动。如果改动的部分涉及故事的重要节点，您会组织重新拍摄部分镜头，那就是在摄影棚。再严重一些，故事的结构您都不满意，那么您就会重写剧本，您会去和导演、制片商量，重新架构故事，并涉及大量的重新拍摄、后期编辑、特效制作，到最后，您会有一部不同结果的电影。

荧幕上的电影，就是“心外”，您人生中所看、所听、所闻的一切，都是“心外”，甚至，您脑海中的声音，“我觉得他做得不对”“我觉得孩子不听话”“我觉得……”同样是“心外”，都是我们内在的资源所精心整合出的“连续电影画面”！这种情况下，当我们的注意力如此集中于外部的世界，集中于外在所发生的一切，并试图通过改变“荧幕上的画面”，来使我们的人生有一个不同的发展方向和结果时，是很难有什么效果的。

阳明先生在龙场悟道之后，看透了这一切。好吧，既然大家的注意力如此集中在外部世界，那么，我先来打破这层“幻象”吧，于是，才有了那振聋发聩的八个字“心外无物、心外无理”！

您试图通过改变“荧幕上的连续画面”来改变人生的尝试，注定是无效的，请向这一切发生的源头去找，那不在您的外面，而在您的内心之中，在您的心理图像里。您拥有着所有需要的资源，就是您的“心”，您本来就有的良知。

这份资源，比起拍摄一部电影所需要的资源，要大得多，要宽广得多，甚至，把您在现实生活中所有能看到、感受到的力量再乘以十亿倍，都无法与您内在的力量和资源相提并论，您只是忘记了这一切，您只是需要再次记起这一切。阳明心学，就是陪伴您记起这一切的地方，而这本书，同样是您的内心所创造，只是为了帮助您拿回您自己本来的力量。

我认识的朋友都喜爱电影。如果您是个例外，如果您还是不明白我要表达的意思，那么我再试着说一次。为什么这么多的人喜爱电影？我这么问别人时，他们大都这么说：

电影既好玩也有趣；

电影让人暂时远离日常俗务；

我们可以从电影中学习和成长；

电影可以让您从不同的角度看事情，也让您拥有独特的体验。

在我们先前的讨论中，提到了电影最吸引人的地方，就是可以让人受到触动，可以通过故事的进程，让我们调取自己认为最合适的心理图像，并激发起我们的情绪和感受。仔细地深入分析这些电影吸引人的理由，我们可以洞悉另一个鲜为人知的秘密。这个秘密就是情绪和感受。因为喜欢被电影激发的感受，所以我们喜欢看电影。事实上，我们根本不关心电影的内容，只关注荧屏上的内容在我们身上所激发的感受。还记得阳明先生那句话吗，除了人情事变，再无事矣。

同时，这也是人们喜欢阅读、参加和观看体育活动、听音乐、看表演、打电玩、坐摩天轮、玩花式跳伞、登山、蹦极等诸如此类的活动的原因。我们是喜欢由这类活动所带来的感受，所以喜欢从事此类活动，所有这一切都和感受有关。外在体验的重要性，在于它所引发的内在感受的强度。

想想您最喜欢做的事——您喜欢参加或观看的某种游戏，您喜欢的工作，您觉得很好玩的事，然后问自己："我为什么这么喜爱这个活动？是什么东西真正吸引我？"您会知道，您真正喜爱的是内在的感受，也就是这个活动所引发的内在情绪。

同样，人生的过程也是这样。本质上，我们在人生中所经历的一切，都是只和情绪及感受相关，在我们“人生舞台”上所体验的每一件事，只是一个特定的内在情绪和感受所引发的具体行为，然后，您再通过这个具体行为体验到这个特定的情绪和感受，由此，您可以支持自己以自己选择的方式，度过自己的一生。

你永远都在支持自己，因为一切都是您自己创造的。

[今日功课]

问题一：和自己的震撼待一会儿。然后，随便写点儿什么吧。

问题二：在手机上设个提醒，一周后再来接着看这本书。有什么开心的、不开心的事，就写在后面，最后都不要忘记写一句话，“这是我精心创造的结果”。

第十四课 阳明心学基础架构（四）内外本无分别

我建议您在看完前面的内容后，间隔最少一周的时间再来看这一部分的内容。阳明心学的一个很重要也很难只通过知识的传递来掌握的部分就是：知识的传递，也只和感受相关。正在看这本书的您，比您所知晓的部分要大得多。不只是您所知道的您的一部分在看这本书，您内在的部分，也在同时看着这本书。事实上，书中的内容，也不只是写给您所知的自己的部分，同样也是写给您自己现在还不了解的那个宏大的内在。同时，对您的内在和外在的划分，只是为了解释上的方便，因为，内在和外在并无间隔，本为一体。这个部分是如此的重要，所以，单列一节，以示重视。

澄问："仁义礼智之名，因已发而有？"

曰："然。"

他日澄曰："恻隐羞恶辞让是非，是性之表德邪？"

曰："仁义礼智也是表德。性一而已。自其形体也，谓之天；主宰也，谓之帝；流行也，谓之命；赋于人也，谓之性；主于身也，谓之心。心之发也，遇父便谓之孝，遇君便谓之忠。自此以往，名至于无穷，只一性而已。犹人一而已。对父谓之子，对子谓之父。自此以往，至于无穷，只一人而已。人只要在性上用功。看得一性字分明，即万理灿然。”

译文如下：

有一天，陆澄问道：“仁、义、礼、智这些名称，是心性已发才出现的吗？”

阳明先生说：“是的。”

另一天，陆澄又问道：“那么先生，像恻隐、羞恶、辞让、是非这些情绪和感受，也是心性所发动并表现出来的吗？”

阳明先生说：“是的，和仁、义、礼、智一样，恻隐、羞恶、辞让、是非也是由心性所发动和表现出来的。心性就只有一个而已，从其形体来理解，我们称之为天；从其在我们每个人的主宰地位来看，我们称之为帝；从这个心流进我们这一世的运行状况来看，我们称之为命；放到一个具体的人身上来看的时候，我们称之为性；从它创造我们的身体的角度，我们也称之为心。从这个心性中发出来的行为，和父亲在一起的行为，我们称之为孝，和君主在一起的行为，我们称之为忠。照这个样子类比下去，我们可以给这个心起无数个名字，但实际上，心只有一个。和人只有一个是一样的，对父亲我们称他为儿子，对儿子我们称他为父亲，对不同的人，这个人可以有无穷的角色，但实际上，只有这一个人。人只需要在一个‘性’字上下功夫，把这一个‘性’字了悟明白了，所有的道理也就自然融会贯通了。”

“心”只有一个，是那个全部。“心内”“心外”的划分，只是为了理解和解释上的方便。“知行合一”，“知”“行”

本为一体，提出“知”“行”这两个概念，只是为了使我们忘记了自己很大的一部分的人们，方便将本来的自己慢慢地记起。

很有意思的部分吧，和仁、义、礼、智一样，恻隐、羞恶、辞让、是非也是由心性所发动和表现出来的。“心之一体谓之仁”，在您自己的眼中，真的没有好坏对错的区分，您的任何人生经历，不过都是为了体验而来。

[今日功课]

冥想练习。喜马拉雅 APP 上，《图像化的冥想》。
网络地址：http://xima.tv/7jSSlf

第十五课　阳明心学基础架构（五）科学家也都没闲着

阳明先生生于1472年，距今已有500多年，人类社会在这500多年里，发生了巨大的变化，对于“心学”一脉，人们一直将其置于唯心主义的评价体系中，尤其是在我们这个以唯物主义为主流价值观的社会里，总是处于犹抱琵琶半遮面的状态，想传播，却又总是怕和主流的价值观相冲突。

还好，有一拨儿叫作“科学家”的人，从来都没闲着。说到科学家，他们同时一定还是分析学家，他们的目标是将一切事物都拆解开来，分析一切，保持严谨挑剔的态度，冷酷无情地运用逻辑的工具。冷酷孤僻便成为老派科学家的形象，遗憾的是，此类科学家如今依然比比皆是。

在一些典型的老电影里，您会看到目光狂热、头发凌乱、身穿白大褂的科学家忙着拿他最新的怪物做实验，在“一切皆物质，宇宙就是一个大机器”的“机械宇宙”的理念指引下，科学家们正在忙着建造能够拆解机器的机器。人们毫无止境地努力寻找更小的东西，越小越好，没有极限。

牛顿运动定律成为描述宇宙的至上定律。不过，有一个假定被小心地隐藏其中：观察者不会干扰被观察者，而且它所观察的是确实存在的事物。而且，牛顿定律还预示了一种奇怪的对称，无论指针向前还是向后走，钟表都能同样完美地运转，在某一既定时刻来看，未来是完全确定的，完全可以运用牛顿定律所提供的连续数学模型来预测未来。

“时间”是对称的，“过去”与“现在”不间断地连在一起，“未来”也同样不间断地与“现在”连在一起。因此，一切都是决定好了的。19 世纪时，人类从理性机械时代进入了确定性时代。

说到这里，我突然明白了，为什么我的高中物理完全学不明白的原因。我是很早就明白了感受性学习秘密的人，我和老师之间的关系，决定了我在这门课上的表现和得分。我很喜欢高中的物理老师，那是一个清瘦、儒雅而勤奋的人，负责两个班的教学。每到自习课，他就会静静地坐在教室的最后面，等着我们有问题随时可以找到他。我很努力地学习物理，但真的是连最简单的物理定律，都没有办法确信，更不要说运用这些定理去解题了。因为 1990 年的物理学界，已经不是牛顿经典力学三定律的时代了，但书本上教授的还是经典物理，而在学术界，量子力学的帷幕已经悄然拉开。

1990 年的物理学界，距离 1927 年阿尔贝特·爱因斯坦、尼尔斯·波尔、马克思·普朗克、马克思·波恩、居里夫人、埃尔温·薛定谔、保罗·狄拉克、路易·德布罗意、亨德里克·洛伦兹、沃纳·海森堡以及沃尔夫冈·泡利等量子力学巨星（大约有 30 人）在布鲁塞尔的大都市酒店里讨论量子力学到底是什么奇怪的东西，已经过去了 63 年；就是离 1986 年 1 月，大约 200 位量子物理学家聚集在纽约世贸中心，进行为期一周的研讨，同样是讨论量子力学到底是个什么奇怪的东西，也过去了有 4 年之久。

当时在我的物理老师心中，一定也是充满着不确定性和疑惑吧，我感受到的，也是这份不确定性和疑惑的成分吧，所以，任凭我再喜欢物理老师，再努力地学习物理，总有一些根本上的疑惑和不确认在心中挥之不去。

尽管量子力学在20世纪扮演着不可或缺的角色，令人惊讶的是，却没有多少量子力学新星涌现出来。同样让人觉得匪夷所思的是，这么一个伟大的学科，到现在，依然存在那么多的悖论和不确定性，薛定谔的猫，依然不知死活地住在那个不知是否已经充满毒气的容器里；量子力学的概率波（亏夫波）依然在漫漫宇宙中传播和扩展，等待那些毫不知情的观察者来“引爆”它——改变其概率并突然创造一个自己观察到的实相；维格纳教授的朋友依然在好奇，他——或者正在观察他以及他手中的量子系统的教授——是否“引爆了亏夫”并创造出他自己观察这一量子系统的那个美丽的实相。

想像一下我那可亲可爱的物理老师的两难之境吧，一方面，他在课堂上和实验室带领我们做物理实验，从中总结出将来用于考试的定理和规律，让我们确定无疑地去使用；同时，一个声音还在内心不停地问着他自己：如果这一切都是我自己创造出来的呢，是我自己创造了自己的世界，所有的被观察对象，都是因为观察者的意识才存在，都是“亏夫流”被引爆的结果，只是恰巧学生和老师之间，内在都有一份巨大的同意，同意这个物质宇宙的一些原子、分子的基本构成法则，才使得我们分别做出来的实验看起来是一样的。如果是后者，那么，他所传递给学生的，就是一份巨大的谬误啊！

这份冲突在他的身上体现得是如此明显，他无法在内在调和这两种声音，以至于，他一直患有严重的胃病。上课的时候，他总是用左手扶在胃的位置。疼痛难忍时，他会停止授课一会儿，让那疼痛过去。到现在想到这一幕，我的心头还是一阵酸楚。

又是20多年过去了，当年的量子力学会议主题之一就是如何实现或者验证，量子理论中那些稀奇古怪的观点——而那些偷笑的学生绝对想不到它们有一天会成为现实。那些后来的物理学家们不仅发现量子力学没有受限于宇宙的任何一个微小的边角，反而发现其应用范围越来越大，甚至可以应用在时空之外。

爱因斯坦的时空观如今已经面目全非，我们似乎是自己创造了我们自己的世界，我们自己的世界之外似乎还存在着平行世界，我们甚至能够对其调准频率。即使在这个世界中，我们似乎也能够从未来回归现在，并改变现在的我们对现实世界的感知与理解。

缓慢而坚定地，科学家们，在向阳明先生所描述的世界对准频率。

在这里，请允许我对一代又一代科学家们致以崇高的敬意。他们一直在试图搞清楚物质世界是如何成型和运作的，以及它受到哪些法则的支配。为了解决这些谜题，科学家一直在努力将物质世界拆分成越来越小的部分，以了解根本要素是什么以及这些要素之间是如何组成的。

当科学家们越来越深入地研究，他们开始发现越来越小的粒子，如细胞、分子、原子、质子和电子。不过，当他们研究亚原子的世界时，他们发现了更小的粒子，这些粒子的表现不再遵循通常的物理定律了。系列发现引发了一连串的突破，这就是今天大家耳熟能详的量子物理学。

想想我高中的物理成绩，大家也就不难理解为什么拿到量子物理的书的时候，我感到头痛，这方面的书籍艰涩难懂，要花很多时间才能读完。我被吸引到量子物理的领域，是因为科学家们发现的一些很奇怪的现象，比方说，两个在空间位置上毫不相关的粒子之间有一些奇怪的联系，一个会随着另外一个改变状态，而且同时发生，科学家们由此发明了量子通信。而这和我所熟知的心电感应，明显相通，我非常希望了解相关的情况，所以我坚持探究了下去。

事实上，功夫不负有心人，我开始找到了线索，甚至时不时地还会“哇哦”一下，每到这时，我仿佛都听到阳明先生“嘿嘿”的笑声，“看吧，我早告诉过你啊！”接下来，我会跟您分享这一切。

大卫·波姆这位科学家是量子物理学领域里率先取得突破的先锋。波姆总结说，只有把我们日常生活的有形现实当作是一个幻象时，才能解释科学家在亚原子世界里看到的奇怪现象。波姆断言——在我们所谓的现实之下，有更深层的秩序存在，那是更巨大也更基层的实相，它创生出万物以及整个物理宇宙。

迈克尔·塔尔伯特在其著作《全息的宇宙》中，对此做了概述。

换句话说，有证据显示，整个世界和世间万物——从雪花、枫树、流星和旋转电子——都只是幻影，是远在人类世界、时间和空间之外的实相层面的投射。

受波姆的启发，许多科学家继续寻找波姆所谓的更深层的秩序。他们最终在一个所谓的巨大智能场中发现了这个秩序，在科学领域通常称之为零点场（Zero Point Field，后面均简称为“能量场”）。而且小心，前方高能。

能量场是纯能量的存在，它具有无限的潜能，只是尚未显化成任何实物而已。然而，这种无限潜能可以创造出任何东西。

看到这里时，阳明先生的笑声最大，这就是“心”啊，这就是那份存在于您的内在，比您所有已知的能量的总和加起来再乘以十万亿倍，仍无法描述其万一的“心”的力量啊！

当科学家们继续研究能量场，他们发展出一种理论，说明物质世界是如何从能量场中形成的。这个理论包括四个要素：1. 能量场；2. 粒子；3. 物质世界；4. 意识。

能量场是包含无限创造潜能的纯能量的存在，粒子是我们组成任何物质的原材料，物质世界是构建的结果，而“意识”，并不仅仅是我们的头脑所知道的自己的部分，它更接近于物理学家所谓的能量，阳明先生称之为“理”或者“良知”，也有人称为“心智”“梵天”，在人类历史和不同文化中有许多不同称呼。意识不是物质，却是人们所说的“物质层面”里万事万物背后的创造力量。

依照您当前的信念，如果您相信上帝，或相信有至高无上力量的存在，您就可能会轻易接受这种说法。不过，您可能需要把这个概念做细微的调整，您可以认为上帝或至高无上的力量赋予了您“意识”和力量进行人生角色的扮演。这方面并不会有任何冲突或问题，只是看您选择如何去看待了。需要理解的是，您所体验的一切均由您的意识所创造，要从人生的困局中彻底解脱，理解这一点绝对很重要。

接下来，我要说明这其中的科学依据。能量场（“心”）

存在于一种具足无限可能性的状态，意即任何事的发生都有可能，从能量场（“心”）中可以创造任何东西。不过，当意识以特定意图聚焦在能量场（“心”）中创造某样东西的时候，这个无限可能性状态就会瓦解成由那个意图所决定的单一可能性。以量子物理学的术语来说，就是“亏夫塌陷”。

一旦发生这种瓦解，就会创造出物质世界的景象，物质粒子就出现在那个景象中，并以特定的方式组合，“打造”出预期的事物、跟我们在日常生活中互动的生物，及其所显现的运行法则。而这整个过程，是由原先在能量场（“心”）中聚焦的“意识”的意图来具体化，并一步步实现的。

深入探究物质世界的任何事物，如果探究得够深入，最终都会接触到能量场。听起来有没有很熟悉的感觉？“格物致知”，理学家朱熹所致的，是一份存在于外在的万事万物的运行规律，阳明先生所致的，是这份您本身就已经具有的内在的“良知”。

芭芭拉·杜威在其著作《意识与量子现象》中这样表述：

“这就像上帝说的：‘如果我打算成为肉身，就必须把那些让物质世界运行的所有法则一并带去。我要先创造一个微小粒子，通过这个设计，先创造宇宙，再指挥宇宙表现出诸如重力、磁力、强作用力等行为，并依照我建造时的意图各行其职。同时为了让自己方便行事，我还会发明感觉，让那些感官系统以为自己看到、摸到、听到了真实的事物，以为自己看见了空间并感受到时光的流逝，而事实上，这些看似真实之物只是个幻象。’”

简单讲，科学家正在验证，除非您的意识以特定意图聚焦于能量场（“心”）中创造，否则您无法看到任何东西、听到任何东西、感觉到任何东西、体验到任何东西。举例来说，除非您的意识有意图要看到本页的内容，然后聚焦在能量场上，创造出一个个的粒子，组成每一页纸，形成每一个文章片段而让您看到本页内容，否则您是看不到的。这本书本身并非是独立的存在或具有任何力量。

在整个过程中，只有您具有实质的力量，也只有您实际存在。

再举个例子，除非您的意识有创造和逐步实现的意图，并且它还聚焦在能量场（“心”）中，让您看到自己存折上的数字或孩子的考试成绩，否则您根本无法看到这些东西。存款数目和孩子的考试成绩并不能独立存在，它们本身也不具有力量。在此过程中，您才是唯一的力量和实际存在。要相信这一点很难吗？可能吧！然而这是真的吗？千真万确！耐心听我说，您会明白的。

量子物理学和意识研究领域中杰出的科学家阿米特·戈斯瓦米博士在电影《我们到底知道什么？》中，谈到了这种现象：

我们都有这样的习惯：认为周遭一切的存在，都不是由我设定或选择就已经存在了。您必须摒弃这样的想法。

其实，您必须切实认识到，即使我们周遭的世界，包括椅子、桌子、房间、地毯、时间，这一切都只是意识的运动。而且我时时刻刻都在选择，让我的实际体验具体显化。

这是您唯一要做的激进思考。

但是因为这种思考如此激进，因为我们一直倾向于认为世界已经在那里了，它们跟我的体验无关，所以这样思考显得似乎有点难。

所以，与其思考事物，不如思考可能性，一切都是意识的可能性，一切都是“心”的可能性。

芭芭拉·杜威在《意识与量子现象》一书中谈道：

“因果法则可以用于追溯意识。我们把‘因’摆在‘果’之前。我们认为结果是依据循序渐进的过程而产生。首先，我们的卵子和精子结合成受精卵，接着细胞分裂，最后形成胎儿。我们说的卵子和精子是所有结果的起因，让婴儿最终诞生。不过，以意识的观点来看，造‘人’的想法是这整个过程的‘因’。中间的步骤是人类的创造及想法的‘果’。换句话说，意识将因果颠倒了。对意识而言，因就是最终的果，因所产生的果则是物质现实的开始。”

要继续探讨这个想法，我们先以人体为例。以科学家的观点来看，人体是经由亚原子组成原子，原子组成分子，分子组成细胞，细胞组成器官，器官组成系统，最后由所有系统构成的。一旦组成，为了让身体发挥其功能，各个器官和粒子要完成特定且极为复杂的任务。不过，这一切的真正来源就是能量场和意识。

花点时间想想这件事。要做到这一点，大量的粒子必须：

- 以特定的方式组合。
- 一旦组合成不同的形状和形态，就要“粘在一起”，维持这种形状和形态。
- 学会如何完成自身各式各样的任务。
- 能互相沟通，以提高完成任务的效率。

是意识从能量场中创造粒子，“告诉”粒子该如何组合并粘在一起，教导粒子如何完成自身的任务，以及让它们在完成任务的过程中互相沟通的。

当您打棒球、篮球、足球、排球、垒球或高尔夫球时，要您先“去了球场”才能打球。但是经历整个人生历程时，您哪里也不用“去”。您在您的“心”里就可以创造整个人生的剧目和整个舞台，这就是您展开体验的地方，这同样也是您找回最本源的自己，找到自己的“良知”的所在之地。我们在后面的章节会详述此事，现在我要先播下种子，因为这是真相，是让您从人生困局中彻底解脱的关键。

[今日功课]

用您自己的语言，描述能量场、粒子、物质世界和意识之间的关系。

第十六课 阳明心学基础架构（六）来，再看场电影

要让阳明心学更好地发挥作用，也就意味着您必须深入地了解人间这个舞台，您是如何亲手一点点搭建起来的，了解您的“心”是如何创造出您的人生角色的所有体验——包括您如何创造您谋生的环境，您如何创造您的家庭，您如何创造您的收支平衡以及生活中所有的大事小情。为了让您更加深入地了解这些，我要和您分享一个比喻，或者说隐喻，这个隐喻就是全息图。

全息图是看似真实的立体对象或景象所产生的影像，是幻象，而非真实。进行量子物理学的前沿研究及相关研究的许多科学家相信，全息图是说明物质世界的幻象如何看似真实的最适当隐喻。我同意他们的想法。

为了说明全息图这个隐喻是多么地有趣，我打算先引述科学说明，再回来简单地举例说明。全息图是通过一个相当特殊的过程创造出来的。假设您想制作苹果的全息图，必须先让激光照到整个苹果。同时让第一道激光反射形成第二道激光，将它们产生的干涉模式（两道激光交汇处）留影在底片或全息干板上，如图所示。

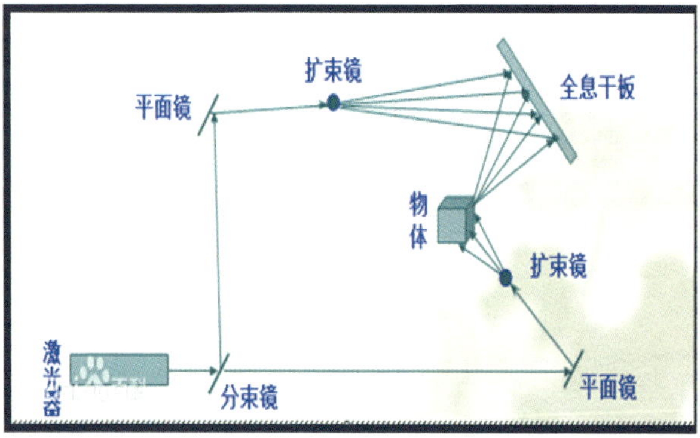

在这个例子中，印在底片上的模式会包含物体的特定信息——跟物体一模一样的细节，还有物体的大小、曲度和形态，以及物体不小心被磕碰后，在物体上留下凹痕的大小和位置等诸如此类的信息。

将底片显影后，看到的只是一些明暗线条组成的旋涡，好像没什么意义。我也找了一张底板的图片，可以帮助了解全息底板的复杂性。

很复杂的底板，是不是？而且用我们的肉眼，很难看出其中的奥秘。别着急，这时候，只要用一道激光激化，就能在空中出现看起来如假包换的立体影像，这个影像精准地描绘出模式中存储的所有信息，如图所示。

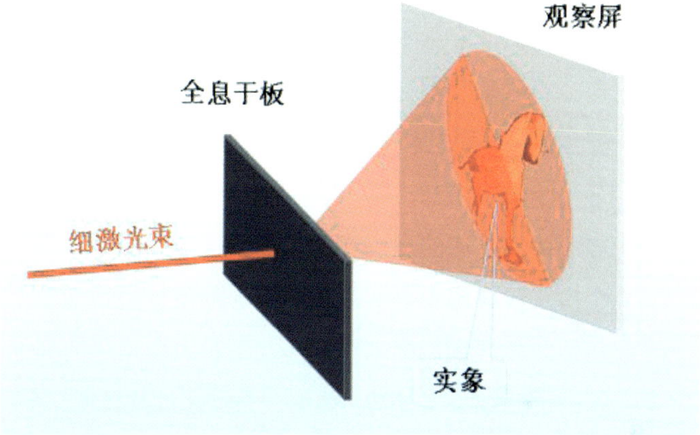

而且随着科技的发展，全息图像的发展已经早就不再局限于一个静止的、看起来半虚半实的半透明图像了，在一些电影特效中，甚至已经使用全息的动画人物，加入到电影的画面中，形成了十分令人信服的效果。我最喜爱的MJ,就是这样活过来的。

我想分享的是，在全息图隐喻中要注意的两个重点：

- 要创造一幅全息图，也就是某个实物的幻象，必须先创造出包含此幻象所有信息的模式。
- 要实际看到这幅全息图，您必须把巨大的能量灌注到模式中，然后才能让景象出现，让它看起来就像真的一样。

换句话说：模式＋能量＝角色呈现。

这个模式中包含的要素，实际上关系到您的意识创造出物质世界及万事万物这个景象的过程，并让这个景象和真的一样，让您彻底地忘记您的本来面目，以允许您在人生的舞台上尽情地感受。

- 您的意识带着意图进入无限可能的能量场（“心”），这个意图是“创造某种东西，让它真实地呈现在人生舞台上”。您想创造的东西可能是某个人、某个环境、某种东西、某种动物、植物、某种经历、某个境遇等等。接着，您的意识在能量场中创造出一个模式，这个模式包含您想真实呈现的内容的所有必备细节——包括您和您创造出来跟您一起承担人生角色的其他玩家的所有细节（身材、体型、头发颜色及长度、个性、“疾病”等）。
- 接着，您的意识把能量（来自您“心”的源源不绝的无限能量）灌注到这个模式上，您想要的全息幻象就随之显现出来。
- 由于这个模式巨细靡遗，是被巨大能量灌注而让幻象真实出现，所以看起来如假包换，让人完全信服。

是的，请合上您的嘴巴。

记得我第一次了解到这个理论时，惊讶程度不会比您少一分；就是在慢慢地体悟到其中的真实性及奥妙时，仍然时不时地惊叹于这个景象的神奇和精彩。而且，随着了解的深入，毫不夸张地说，能量透过意识形成我们所见、所闻、所感受到的外部世界，还只是一个为了方便起见而极为简略的说法。真实发生的过程，比这复杂得多。

有那么一段时间，我甚至认为，是不是我们的“心”，为防止我们过分骄傲，才把这一切创造的过程完完全全地隐藏起来，并将三维世界严丝合缝地拼了上来。还有一些时候，在阳光明媚的午后，坐在一个我非常钟爱的地方——当然，偶尔被忧伤笼罩，在体会那淡淡的忧伤的滋味之余，我也常常惊叹，为什么我的情绪和感受会如此明显地影响我的心境和经历，但内在负责舞台搭建的部分，负责投射出楼堂殿宇、山川河流的这个部分，这部分该是有多么的笃定和强大，才任由我在人世间尽情地折腾和玩耍啊！

请让我们一起来欣赏一下阳明先生在500多年前，对这个伟大发现的精彩描述吧：

朱本思问：“人有虚灵，方有良知。若草木瓦石之类，亦有良知否？”

先生曰：“人的良知，就是草木瓦石的良知。若草木瓦石无人的良知，不可以为草木瓦石矣。岂惟草木瓦石为然，天地无人的良知，亦不可为天地矣。盖天地万物与人原是一体，其发窍之最精处，是人心一点灵明。风、雨、露、雷、日、月、星、辰、禽、兽、草、木、山、川、土、石，与人原只一体。故五谷禽兽之类，皆可以养人；药石之类，皆可以疗疾：只为同此一气，故能相通耳。”

我喜欢阳明先生用文言文所写就的文章，除了翻译所造成的失真之外，文言文自身所具有的美感，也很让我着迷。朱本思问：“人有灵魂，才有良知。像草木瓦石之类的东西，也有良知吗？”

阳明先生说：“人的良知，就是草木瓦石的良知。如果没有人的良知，也就没有草木瓦石的良知了。”看到这里，是不是已经在心里的一个地方了悟了些什么，每个人所见的草木瓦石，都是每个人自己的良知所创造！他又接着说：“其实，不只是草木瓦石的良知是这样，如果没有人的良知，连天地都不可能存在。所以天地万物和人本为一体，这一切都从哪里来呢？都是从我们内心的一点灵明所发出来的啊！”阳明先生没讲投射，只讲了世间万物，均从灵明而出，由心而造。最美的一句来了，“风、雨、露、雷、日、月、星、辰、禽、兽、草、木、山、川、土、石，与人原是一体”。好吧，碎碎念的阳明先生，生怕我们漏了什么是吗？生怕我们不相信万事万物的来源和出处是吗？现在，放心，我们知道了。“所以五谷禽兽之类，皆可以养人；药石之类，皆可以疗疾：只为同此一气，故能相通耳。”我们相信我们的创造物可以喂饱自己，我们相信我们可以创造治疗自己疾病的事物，都是自己的创造，只是需要等待我们去发现。

问：“人心与物同体，如吾身原是血气流通的，所以谓之同体。若于人便异体了。禽兽草木益远矣，而何谓之同体？”

先生曰：“您只在感应之兆上看，岂但禽兽草木，虽天地也与我同体的，鬼神也与我同体的。”

请问。（没明白，接着问。）

先生曰：“您看这个天地中间，什么是天地的心？”

对曰：“尝闻人是天地的心。”

曰："人又什么叫做心？"

对曰："只是一个灵明。"

"可知充天塞地中间，只有这个灵明，人只为形体自间隔了。我的灵明，便是天地鬼神的主宰。天没有我的灵明，谁去仰他高？地没有我的灵明，谁去俯他深？鬼神没有我的灵明，谁去辨他吉凶灾祥？天地鬼神万物离却我的灵明，便没有天地鬼神万物了。我的灵明离却天地鬼神万物，亦没有我的灵明。如此，便是一气流通的，如何与他间隔得？"又问："天地鬼神万物，千古见在，何没了我的灵明，便俱无了？"曰："今看死的人，他这些精灵游散了，他的天地万物尚在何处？"

好吧，不只万物了，鬼神也来了。这里的鬼神指的就是与我们的世界震动频率不同的时空中，超过或者没有达到我们的物质世界的密度的能量及意识。借用佛家的一句话，一花一菩提，一念一宇宙，每个人，都是您自己所知和所不知的所有世界的创造者！我们每个人，都是7×24小时全年无休的人体全息投影机。

这就是阳明心学终极的秘密，也是为什么阳明先生一再强调，入阳明心学者，一定要先读《大学问》。在《大学问》的开篇第一句，就是：

阳明子曰：大人者，以天地万物为一体者也。其视天下犹一家，中国犹一人焉。若夫间形骸而分尔我者，小人矣。大人之能以天地万物为一体也，非意之也，其心之仁本若是。

这一章，只为说明这一句话。

感谢科学的进步，使得这一切如此容易。

[今日功课]

再练这句话：我未看此杯子时，此杯子与我心同归于寂；我来看此杯子时，这杯子的颜色就一下子明白了起来，便知此杯子不在我的心外。

同样，将您找到的答案，您的感受，记在下面。

让我们再复述一下阳明心学的基础架构：

1、心外无物、心外无理，人情事变皆只在人情里；
2、内外本为一体；
3、格物致知；
4、天地万物本为一体。

我用如此多的篇幅来介绍阳明心学基础架构，原因是没有这个基础架构，您读阳明先生的书，也就是看看故事，感叹一下，这个人怎么这么厉害！

我很乐意这么做，因为我能想象您吃惊的样子，并乐在其中。我能想象您为了证明我是错的，甚至不惜将前面的内容再读一遍，然后拿起笔来给我写信，把您的所想所感告诉我。

我欢迎您的来信，不管里面是什么样的内容。我们每个人和这个宇宙都是一对一的关系，和您一样，我和这个宇宙也是一对一的关系。我并没有暗示大家我已经获得了宇宙的真理，也不希望您以为我接触到了宇宙的本源。我所知道的是，每一个人都能经由一个叫作“悟”的阶段，而得到一些内心真实面的信息，并自然地在生活层面加以应用，整个宇宙向我们诉说的就是这个。

在接下来的内容，我会分享给您如何去正视您所看到的事物，如何去正听您所听到的声音，如何在日常生活中去“致良知”，以及明了蕴含在其中的道理。通过这本书，您会了解您并非只是您所见、所闻及所创造的一切，当然，最关键的，您会了解并掌握一些证实和日常应用阳明心学的方法。

如果您准备好了，我们一起进入第三章。

第三章

知行合一的真相

众所周知，我不是一个拼命三郎或者积极努力性格的人，所有的事情如果无趣，我就不做。前三章的内容是我一个周末的时间码出来的，因为那些内容，在一个未知的所在，玩拼积木的游戏，这么试一下，那么碰一下，我可以看到这个游戏的过程，时不时地，我会带着一种饶有趣味的心态，看着这些积木不停地调换顺序，变换位置，一直到这些积木实在憋不住了，让我看看它们玩耍的成果，我就把它们写出来。我又试着把这些内容的积木按我的思路摆了摆，带着兴致勃勃的心情，想象着如果按照不同的排放顺序，会对读到这些内容的读者的内在产生什么样的影响，这是非常有意思的过程。最后，就在一种不是非常清醒的状态下——当然，我也没喝酒，我将阳明心学的大致情形描述了出来。

前三章呈现出来的过程，实际上也大致描述了我们的思想流入物质世界的过程，在最初的所在，我有一个“欲行之意”，也就是把我所知道的一些东西分享给这个世界的意思，这个意思是最早的小型发动机，而这个意思随后引起了内在资源的整合和架构，就是内在的知识积木的拼合过程。在积木拼合的多种可能性中，我的意识的部分，根据我的认知能力，从知识拼合的多种可能性中，选择了我认为最有趣的一种，并将这种可能性所带来的知识的序列呈现为这本书前三章的内容。嗯，差不多就是这样。

知行合一的真相，差不多也就是这样一个结构。

阳明先生对这种情形，有着非常碎碎念的一段描述：

既云“交养互发，内外本末，一以贯之”，则知行并进之说无复可疑矣。又云“工夫次第，不能无先后之差。”无乃自相矛盾已乎？知食乃食等说，此尤明白易见。但吾子为近闻障蔽，自不察耳。夫人必有欲食之心，然后知食，欲食之心即是意，即是行之始矣。食味之美恶，必待入口而后知，岂有不待入口而已先知食味之美恶者邪？必有欲行之心，然后知路，欲行之心即是意，即是行之始矣。路歧之险夷，必待身亲履历而后知，岂有不待身亲履历而已先知路歧之险夷者邪？知汤乃饮，知衣乃服，以此例之，皆无可疑。若如吾子之喻，是乃所谓不见是物而先有是事者矣。吾子又谓“此亦毫厘倏忽之间，非谓截然有等今日知之，而明日乃行也。”是亦察之尚有未精。然就如吾子之说，则知行之为合一并进，亦自断无可疑矣。

嗯，请您从第四行开始看，“夫人”那里，一直看到“皆无可疑”的地方。这中间的一段话，就是在讲一个行动，不管是吃饭、穿衣、喝汤、走路，在这个行动之前，都是有一个“欲行之心”的，也就是动机。第四行之前和“皆无可疑”之后，是在讲“知行合一”的结构，这个简单，回头再说，先说难的部分。

第十七课
不想当厨子的司机，不是好老师

这个部分有多难？这么说吧，我从开始筹划介绍这一部分之后，也就是有了介绍这一部分内容的小心思之后，我就陷入了深深的迷茫状态。换句话说，我的大脑，就变成了一片空白。有趣的积木不见了，突然之间，天地间一片白茫茫，雾霾指数直接在心里爆表了。

原本干净而明亮的阳明心学，突然笼罩在了一片浓雾之中，伸手看不见人民币上的数字。

这让刚刚接触到阳明心学的人们，从何看起呢？

要知道上面这个问题的答案，我得将自己体会成一个从没接触过阳明心学的人。这么想来，我觉得有趣的部分来了，多么巧合，来到阳明心学面前的人，多多少少，内在都有一个部分，被迷雾所笼罩吧。

想到这里，我突然明白了前面内心雾霾指数爆表的含义，我的“心”帮我找到了最适合的传递知识的方式。

迷雾渐渐散去，我的面前出现了我心目中的阳明心学是一个古色古香的建筑，建筑风格就像是北京后海南锣鼓巷里的商店的样子，红色的梁柱，灰砖青瓦，因为是冬天，门上挂着厚厚的门帘，门帘上挂着一块儿阳明先生手书的牌匾，上写着“阳明心学学院”。左右共有临街的五间西房作为门脸，在这五间西房之后，是一个典型的老北京的四合院儿，阳明先生的一家（嗯嗯，阳明先生是有家室的）就生活在这个四合院儿里。阳明先生整日主要在北房中活动，接待客人、写书、开沙龙讲学什么的，我呢，就是学院中的一个小伙计，因为6年前的一个偶然的机会，听到阳明先生讲学，就此痴迷其中，到阳明心学学院打工，只是取一个“近水楼台先得月”的意思，方便时时听到先生教诲。

我不是一个勤快的伙计，万幸的是阳明心学，需要做的也不多。学生来了，奉茶一杯，简单介绍之后，我就可以继续坐在一旁，把那几种并不复杂的人性材料反复玩味，格我自己的物，致我自己的良知了。学生有不明白的地方，我会稍作解释，实在讲不清楚的，到后院把阳明先生请出来，他倒是一直很乐于分享他的知识见闻，趁这机会，我也在旁边悄悄地琢磨。毕竟，这个过程，也是我的内在所创造出来的，阳明先生说出的每一句话，我听到的内容，也是我的内在所同意和渴望的，几年来，只是奉着一个“致良知”的念头，倒是慢慢地感受到一些“不以物喜、不以己悲”的滋味了。

现在，我站在阳明心学学院的门口，想像着自己数年前来到这里时的那份迷茫和无助，瞬间，浓雾弥漫在眼前。刚来的时候，我的内在也完全为迷雾所笼罩。

刚进入阳明心学学院的我，定定地站在那里。屋里的光线并不暗，只是因了浓雾，什么都影影绰绰，看不真切。我来的时候并没有人，凭着一米左右的可视范围，我慢慢地向前移动，不久就看到墙上模模糊糊地写着一行字，我再走近些，看清了这行字的内容：不想当厨子的司机，不是好老师！我揉了揉眼睛,再仔细地看了一遍,没错,不想当厨子的司机,不是好老师!

瞬间笑崩!

这个,我问自己的内在,我的“良知”,这玩笑开大了吧!我是要和读者们分享我刚到阳明心学学院时的内在感受的,正式一点好不好!要不,咱们改一句?我闭会儿眼睛,您再写一遍?

我闭上眼睛,等了一会儿,再睁开时,还是这几个大字妥妥地摆在墙上。

好吧,您牛!我认了!

既然我的内在给了我这么一个不靠谱的信息,我又是如此习惯地支持我的内在,我就把这句话,顺手做了这一课的名字:不想当厨子的司机,不是好老师。

定睛看来,这句话和这本书似乎还有些联系。每个人进来都要成为自己的老师,如果这句话是对的,如果,仅仅是如果。听从自己内在的声音,是我这些年来学习的小小心得,对我,基本上是一个硬性指标。顺着这句话的思路往下走,不想当一个厨子的司机,不是好老师,也就是说,要成为一个好老师,您得先是个司机,还得想成为一个厨子,怎么想都没道理啊!

嘿嘿,不按常理出牌,是吧,我也愉快地玩耍一会儿。很快,我又按照上面的句型,自己造了一句:不想当程序员的裁缝,不是一个好老师。那就是说,在阳明心学里,您要成为一个好老师,您得先是个裁缝,还得想成为一个程序员!事情开始变得有意思了。

继续,不想当秘书的快递小哥,不是一个好老师!

不想当珠宝商人的养路工,不是一个好老师!

不想当美容师的妈妈，不是一个好老师！

哈哈，突然明白了。

来到阳明心学的人，不管您现在是什么人，不管您想要成为什么样的社会角色，要成为阳明心学的一个自己的好老师，您可以是，任何社会角色的集合，您可以是任何职业、任何身份的集合体，可以因为任何问题而进入阳明心学，您也可以向着任何目标去努力，不仅仅是您想成为一个什么样的人，还可以是您想要求什么样的财富状态，还可以是您想拥有一段什么样的亲密关系，甚至是您想达到一个什么样的人生状态！说实话，阳明先生真的不介意您是从社会的哪个角色，带着什么样的问题来到阳明心学的，同样，作为一个不那么勤劳能干的小伙计，我也对来到阳明心学的各位一视同仁、童叟无欺。

因为我们只是知道，您的现状和您的目标，全由您的内在所创造，为您的人生使命，鞍前马后地忙碌着。

[今日功课]

问题一：写出您的人生角色。

问题二：试着用“不想当……的……不是一个好老师”的句式，组合这些角色。

第十八课
必有欲行之心，然后知路，很容易误会的

还记得前面的“夫人”那一段吗？

夫人必有欲食之心，然后知食，欲食之心即是意，即是行之始矣。食味之美恶，必待入口而后知，岂有不待入口而已先知食味之美恶者邪？必有欲行之心，然后知路，欲行之心即是意，即是行之始矣。路歧之险夷，必待身亲履历而后知，岂有不待身亲履历而已先知路歧之险夷者邪？知汤乃饮，知衣乃服，以此例之，皆无可疑。

每看到这一段，我对阳明先生的敬爱就会加深一分，同时，也总是不得不由衷地赞叹，阳明先生，您是如何同时成为一个哲学家和心理咨询师的？

不想当心理咨询师的专业技术人员，不是一个好老师。

上面这句话，说的就是我。

怀着近乎激动的崇敬之情，我试着将阳明先生的这段话，综合阳明先生的理论和个人对于心理学的研究成果，做了一张小小的示意图。

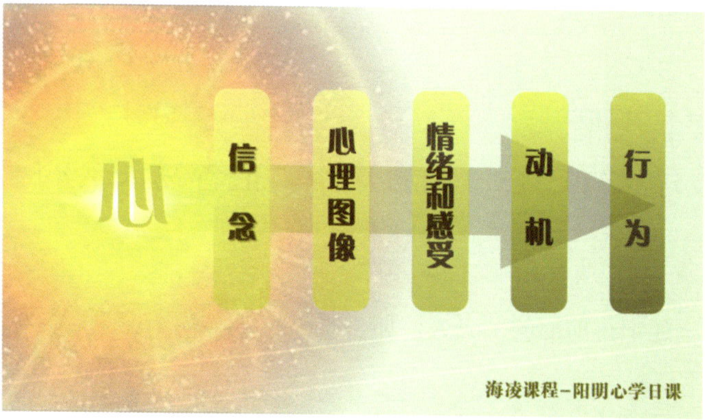

这张图的内容就来自于我们的日常生活，所以理解起来并不复杂，我也没有给读者朋友们上心理学课程的意思，只是，理解这张图，对于理解阳明先生上面的这段话，以及后面会提到的“知行合一”理论是如此必不可少，所以请务必跟随我一起把这张图看明白。

这张图是从右往左看的。先看右边两项。

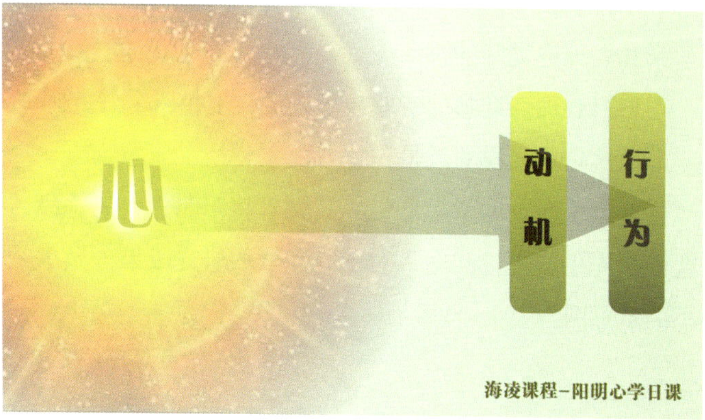

在我们的每一个行为背后，都有着一个动机，在这个动机

的驱使下，我们出现这样的行为。“必有欲食之心，然后知食”，说的就是动机和行为之间的关系。一个人的行为是看到了食物，那么，一定是这个人的内在有一份想吃东西、要吃东西的意思，所以，推动了“看到食物”这个行为的发生。

从今天起，您可以试着开始看自己的行为，看自己的每一个行为之后的动机。有时候这个动机很容易被看出来，比方说阳明先生的文字中所举的例子，“必有欲行之心，然后知路”，一定是这个人有了想走路的意思，然后看到了道路。

注意一下，这里很容易误会，如此简单的例子，很容易误会。容易误会成什么呢？容易误会成：“必有欲行之心，然后走路”，一个“知路”，一个“走路”。

你有了想要走路的心，你就看到了道路。用现代的一句话很容易说明这个问题，如果你知道你想去哪里，全世界都会为你让路。路让出来了吗，不一定，对不对，关键是你知不知道自己要去哪里，并且你会在前进的路上创造出道路。

而通常情况下，我们很容易误认为，我们有了想要去的地方，是“知”，而我们迈腿开始走路，是“行”。“知”和“行”存在着一个先后顺序，这是误会！

阳明先生的原话：

> 必有欲食之心，然后知食，不是必有欲食之心，然后进食；
> 必有欲行之心，然后知路，不是必有欲行之心，然后走路；
> 知汤乃饮，是必有欲饮之心，然后知汤；
> 知衣乃服，是必有欲服之心，然后知衣。

《传习录》里用了徐爱录的大量篇幅，试图为大家说明一个最根本的情况，“知”和“行”本为一体，既没有先后的顺序，也没有内外的差别，更没有本末的顺序。“知”和“行”是同时发生、同时存在，“交养互发，内外本末，一以贯之”，“则知行并进，无复可疑”。

行为是我们可以看得到摸得着的，动机是经常情况下，我们看不见摸不着的。所以，说“行为”是“行”，通常情况下我们都没有意见。

而“动机”，是“知”的一个重要组成部分。

必须得留作业了，重难点章节。

[今日功课]

一个人看上了邻居家的小马扎，想去偷，结果没偷着，让邻居骂了一顿。此人深感挫败，感叹，想偷个东西偷不着，“知行合一”真难啊！

问题：他说的“知行合一”和阳明先生说的“知行合一”一样吗？不一样在哪儿？

找出自己的行为和动机相对应的例子，越多越好。

第十九课　动机，藏在行为里

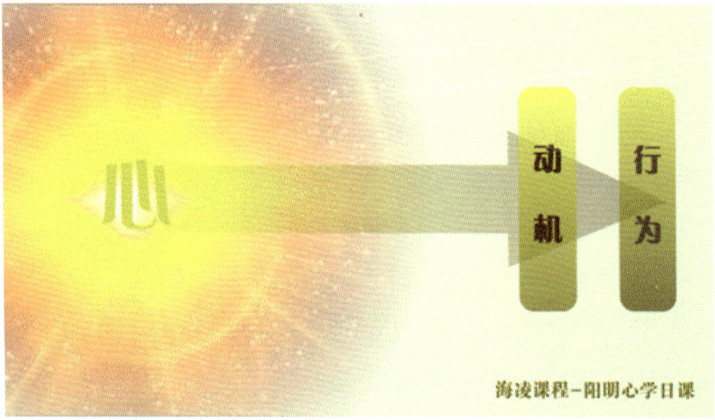

心理学有一个分支，是专门研究动机和行为这两个相关领域的，说出来大家都很熟悉，犯罪心理学。

我记得，每一集的《福尔摩斯探案集》的最后，考虑到我令人发愁的智商水平，我都放弃了所有的推理工作，或者说从一开始就放弃了推理的企图，就等着美貌和智慧并存的福尔摩斯先生，揭开案情的谜底。

看着他一点一点地揭开案情的真相，包括从蛛丝马迹中综合起来的作案过程，以及罪犯在实施犯罪过程中的心路历程，尤其是罪犯自己以为隐藏得极为巧妙的犯罪动机被一一揭开的时候，我内心就不由得为他观察入微的心和善于逻辑推理的缜密头脑拍案叫绝。

而且犯罪动机和行为之间的联系是如此紧密，从某种意义上来说，如果没有犯罪动机，嫌疑人在初期就可以被排除出警察和侦探的视野范围；甚至有时犯罪行为都已经确认，警方也要不辞辛苦地去找出犯罪动机。只有这样，才能还原一个完整的犯罪过程。

真的不难理解，动机和行为之间这种自动化的联系，是刑警、侦探们所熟知的，因为他们在工作中一次次地体验这个过程。而作为旁观者的我们，不一定知道心理学这个动机驱动行为的原理，但动机驱动行为的这个过程，我们是时时刻刻都在身体力行着的。并且，深刻地理解动机驱动行为的原理，可以帮助我们更好地了解生活中的一些情景，比方说：

当您看到一个孩子在路边摔倒了，哇哇地哭，经过旁边时，您会很自然地把孩子扶起来，再轻声安慰几句。这时，孩子的家长从后面走了过来，告诉您，他们就是为了锻炼孩子的意志和独立性，才没有过来扶起孩子。这时候，您发觉自己多事了，对您的好意家长并不买账，甚至还有些责怪的意味在里面。

您肯定不能再把孩子摔在地上，是吧？您通常会微笑，站起身来，继续向前走。而且，您很容易就可以从刚才稍显尴尬的气氛中脱离出来，因为我们在观察自己时，很容易就可以观察到自己的动机，您干了一件好事儿，别人不表扬，您自己可以表扬自己啊！

可是，注意，我们对别人的行为动机就没有那么容易觉察了，甚至，一个令人不快的行为，很难获得我们主动的原谅。因为，我们在看到别人行为的同时，往往忽略了他的动机，只看到了那个令人不快的结果。

尤其是，注意，我们在看待自己孩子的行为时，更会忘了行为是由动机驱动的，这是每个人的内在心都存在的结构。孩子一个不甚妥当的行为，首先给家长带来的常常是超乎寻常的担心，脑子里会不由自主地出现“你怎么可以这样？”“这样下去还了得？”“这孩子长大可怎么办啊？”等等一系列的思想、感受和情绪，紧接着，就是对孩子行为的愤怒、指责和必不可少的惩罚。请停一下，请停一下，如果这时候您问家长，孩子这个行为之后的动机是什么？家长一般会反问您，什么动机？他能有什么动机？他肯定就是想调皮捣蛋！

贴心小知识：在肯定孩子的行为时，一定别忘了肯定他的动机；在否定孩子的行为时，同样别忘了肯定孩子的动机。如果您找不到孩子那看似不可理解的行为背后那善意的动机，继续找，一定有。

我先讲一个小故事。这个故事发生在美国。一个非常有名的电视节目主持人，在电视节目现场随机采访一个六岁的小男孩。

“杰克，你长大了想干什么？”主持人问。

“我……我长大了想当一名飞机驾驶员。”这男孩想了很久，有些结结巴巴地回答。

“如果你驾驶的飞机在大海上空飞行时，你突然发现你飞机油箱里的燃料不多了，不能飞到任何一个机场了，你打算怎么办？”主持人问。

这小男孩思考了几分钟，之后回答说：“我会要所有的乘客系好安全带，然后我就带着降落伞跳出去……”

在直播现场的所有观众，都哈哈大笑。假设，当时你也在现场，你会不会笑?

想来你肯定也会忍不住要笑的。

你为什么觉得可笑?

因为这小男孩的回答充满了童趣。第一，他还不懂作为一个飞行员，不能抛下乘客独自逃生这一职业道德；第二，他如果真的要一个人逃生，他就不应该跟乘客打招呼告别。

主持人凭直觉感到，独自逃生并不是杰克的真正意思。他要等待。慢慢地，他发现杰克流眼泪了。于是，他问杰克：“你为什么要一个人跳出飞机？”

杰克回答说：“我要马上去找燃料，找到燃料后我要回来。”

“我要回来！”这才是杰克的真正想法，我们当中有谁，有谁真正听懂了杰克的这个动机？！

我们既感到震撼，又感到豁然开朗。

连一个 6 岁的小男孩的动机，都不是那么容易听懂，你们还认为寻找动机是一件很容易的事吗?

[今日功课]

找到身边人三个行为之后的动机，将动机和行为之间的关系写在下面。

第二十课　拿什么推动你，我的动机

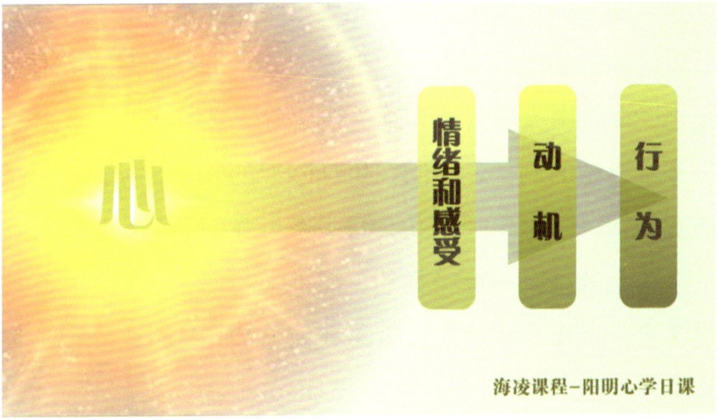

必有欲食之心，然后知食；

必有欲行之心，然后知路；

必有欲饮之心，然后知汤；

必有欲服之心，然后知衣。

我们有欲食之心，然后我们看到食物。饥饿的时候，看着路边小摊上的零食，都流口水；不饿的时候，就是满汉全席摆在面前，都感觉吃饭是种负担。

我们的欲食之心，是由我们的饥饿感驱动的。

我们的欲行之意，是由我们想体验更丰富人生的感受驱动的；

我们的欲饮之心，是由我们身体“渴”的感受驱动的；

我们的欲服之心，是由我们被别人看到裸体会很不好意思的感受驱动的。

在这不同的动机之后，有着不同的情绪和感受的支撑。具体到每一个人，每一个行为之后，都有其非常个性化和独特的情绪和感受。

前面陆澄的例子里，阳明先生已经用非常明确的方式，强调了情绪和感受的重要性，“事变，皆在人情里”。所有事情的变化，都是由人的情绪和感受在后面做支撑的。

非常典型的例子，我们在生气吵架的时候，经常会说出非常伤人的话。等到生气的劲头过去了，我们会为自己解释，那都是气头上的话，不能当真的。而推动我们在吵架的时候，做出过头事，说出过头话的，就是我们这些行为后面的那个愤怒的情绪。

同样，在不同的情绪支持下，我们对于相同的事情，同样会产生不同的动机及行为。比方说，大学毕业十年后，同学聚会。如果您来之前心情愉快，刚被老板狠狠表扬了一下，那么，您看到同学们聚到一起，衣着光鲜，觥筹交错，您也会端起酒杯，笑容满面地享受和老同学相聚的时光；可是，如果您来之前正好遇到了一些不开心的事，心情正苦闷不堪，来到同学聚会，看到上大学时关系好的还罢，看到关系不好的，上大学时成绩不如自己的，竟然也衣着光鲜，觥筹交错，无论如何，您心里终归都不是滋味。

您创造的生命历程是如此的神奇，您先运用无边的智慧和能量，在您的生活中，创造了精准无比的生命体验，随着伴之而起的情绪和感受，您再告诉自己，是外在的发生，造成了自己的悲伤、恐惧、愤怒等情绪，告诉自己，自己是生活无能为力的受害者。

到了这里，可以停一停了。

记得我们的那朵花吗？我们看到花时，这朵花的颜色就在我们面前明白了起来，我们忘记这朵花时，这朵花也在你参与的创造下，静静地开着，只是没有进入你的意识的范畴。那朵花本来就不在你的心外。

生命中的发生也是如此，我们创造了生命的体验，我们意识到所关注的事件，都会在我们的面前明白了起来。我们本来就具有的情绪和感受，在我们意识到的范围呈现了出来。那个事件，本来就不在我们的心外。

[今日功课]

问题一：找到您生活中，因情绪不同，对同样的场景，做出了不同解读的例子。

问题二：回想一次您的情绪爆发或者情绪崩溃的经历。

问题三：在情绪爆发或者崩溃的当时，您的行为和正常的时候有什么不同？

第二十一课
你的情绪和感受从哪里来

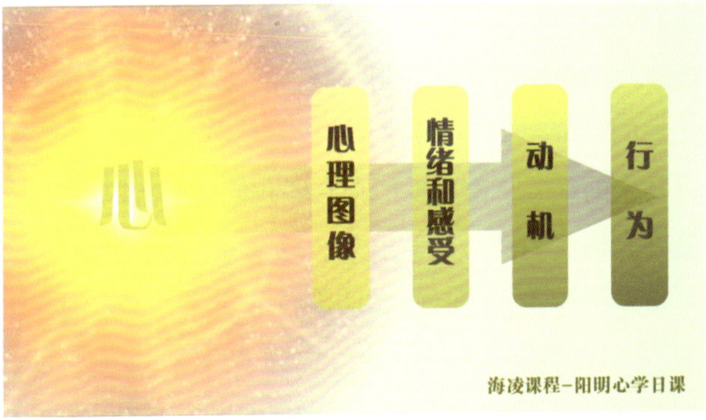

看到这里，是不是很熟悉？我们用了整整第一章的内容，分享了心理图像自动化激发情绪和感受的过程，已经有些遗忘的读者，我建议您先回头看看第一章。就是还记得的读者，我同样会建议您回头看看第一章，因为在第一章里，您投注了大量的心血，来描述您的心理图像。您说，没有啊，我没有描述心理图像啊！

哦，就是您写下的，那些您认为是事实的部分，全是心理图像。

重点回顾——

第一，我们是根据心理图像来理解和认识这个世界的。站在那朵花旁边，阳明先生斜眼看了一眼身旁的友人，心里默默地说，这是怕吓到你，不然，我会告诉你，这朵花，都是你自己的心创造出来的。你调取出哪个心理图像，你的心，就依照那个心理图像，分毫不差地创造出外部世界。

第二，无可辩驳的是我们的内在存储了大量的心理图像。不说别的，就说文字，我不需要去想出任何一个具体的字来，我们就知道自己认得，这是因为我们有一个“库”在那儿。

我们的意识有一个重要特征——专注性。

任身边的事物多么的精彩纷呈，我们的头脑，只会关注我们想关注的部分，也就是我们内在心理图像所“明白起来”的部分，其余的部分，都妥妥地存在了我们的潜意识库中。

第三，当我们内心创造出来的外部事物，和我们头脑所认为应该呈现的不一致的时候，是我们发生内心冲突和内在矛盾的根源。

比方说，您从外地出差回来，希望能看到家里窗明几净，爱人准备了好吃的饭菜，孩子在课桌前认真写着作业，等您回来，立马一家人聚到一起，其乐融融，享受天伦之乐。这是您头脑中认为应该呈现的景象。

实际上呢，您回到家，爱人和孩子也在家，可是，就和往常一样，爱人在看着孩子写作业，而且，孩子一有错误，您爱人就会火冒三丈，气不打一处来。看到您进门，爱人就不停地抱怨在您不在的这几天，孩子有多淘气，不听话；而听着你们的对话，孩子竟然委屈地嘤嘤哭了起来。这是您的心理图像的精心创造，是的，您内在的心理图像，透过情绪和感受，激发起相应的动机和行为，创造出您身边这栩栩如生的人生场景。

您的内心瞬间充满了惆怅。您开始生气，纠结，面对这种不一致，外在呈现和我们头脑所希望的不一致的时候，我们的痛苦就此产生。

一人一出戏，从来不重样。

这就是心理图像的强大力量，还记得三维全息投影的那个比喻吗？在那个例子里，我们提到过一个全息底版，心理图像在我们人生中的作用，非常接近那个全息底版。

[今日功课]

背景：早晨，我还没有醒，女友就已经在厨房里忙活了起来，苹果、鸡蛋、鸡汤、牛奶、煎饼，各种美食的香味扑面而来，心中一阵幸福的感觉。

当我醒来走进厨房时，女友已经把这些都吃光了，连人也不见了！还留个纸条，让我把锅、碗刷一下！

问题一：作者躺在床上的心理图像是怎么样的？由此激发起的情绪和感受是什么样的？

问题二：作者走进厨房看到的场景是什么样的？由此激发起的情绪和感受是什么样的？

背景：一老太太在路上遛猫，突然过来一台车把老太太的猫撞死了。司机下车说："对不起，我会补偿你的。"老太太说："你抓老鼠的技术怎么样？"

问题一：这只猫在老太太心中的心理图像是什么样的？猫的去世在老太太的心中激起了什么情绪和感受？

问题二：这只猫在司机心中的心理图像是什么样的？猫的去世在司机的心中激起了什么情绪和感受？

问题三：他们的角度一致吗？激发起的情绪和感受一致吗？

第二十二课　这个世界，是安全的吗

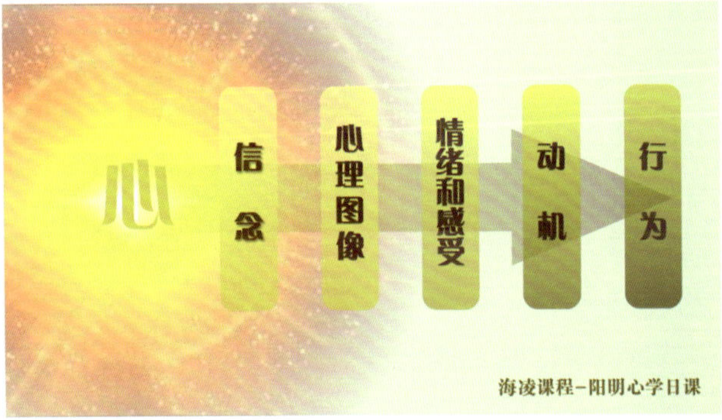

在心理图像之后的，是我们的信念。我们吃饭，动机是我们想把自己喂饱，感受是身体感受到了饥饿。心理图像中，我们是饥饿的人，而在这之后的信念是：人是铁，饭是钢，一顿不吃饿得慌。这个过程看起来很像无可辩驳的事实，对不对？

伴随着上面提到的从信念到心理图像再到情绪感受，进而到动机行为的“饥饿感”，我们很容易接受人不吃饭就会没劲，就会影响身体健康这样的说法，对不对？并对这样的说法认为是事实，对不对？

就像图中所标识的一样，行为是呈现在外在的物质世界，很容易被我们看到，而动机和情绪感受，很多时候，都看不见摸不着，不在外在行为中表现出来的情绪感受，很容易逃过我们的注意力。

到了心理图像这一层，只有深刻地向内自我觉察的人，才有可能静下心来，摸到心理图像的影子。到了信念一层，通常情况下，正是从心理图像中，我们隐约可以辨认出来，我们的核心信念，到底是在爱里，还是在恐惧里。

到了核心信念这一层，对于能够熟练辨识核心信念的人，反而变得简单了，因为，就像太极生两仪的最初，只是分出一个阴阳，在核心信念的层面，我们要么是在爱里，要么是在恐惧里。

在这里，我想强调一下信念和心理图像以及情绪之间的重要关系。在整个修习的过程中，我建议您的意识的部分和您情绪的部分都完全在场。信念是藏在情绪之下的，我们的意识平常对我们的信念并不熟悉，修习的重要目的之一，就是将我们平常藏于心理图像之下的信念找出来，并允许这些信念浮上意识的表面。这有助于您更深刻地了解自己行为背后的深层次原因，同时，对底层信念的了解和转变也可以帮助我们更好地以全新的视角面对生活中的事件。

您的脑子里每天会有大量的念头飘来飘去，这些念头的本质，与您在当下的这一刻所有的情绪有着密不可分的联系。有时候您会感觉自己很快乐、或者很具有攻击性、或者感到绝望、或者感到意志坚定，一方面是因为发生在您身上的事件，同时还有您认为的这些事件和您的关系，还有重要的一个方面，和您认为自己是谁以及和宇宙的关系所综合决定的。

除非您了解您的信念，否则您很难了解您的情绪。或者说，如果您要深入地了解您的情绪，当一阵看似没有任何缘由的喜悦或者悲伤袭来的时候，其实都是您觉察和聆听内在的底层信念的极佳时机。在您没有学会了解和倾听自己内在的信念之前，您的情绪，也许会毫无原因没头没脑地爆发出来，让您自己追悔莫及的同时，也会让身边的人完全摸不着头脑。

仅仅就是信念透过心理图像激发起我们的情绪，这个自动化的过程，就足以用一整本书来论述，有机会我会深入分享这个部分。

[今日功课]

问题一：我身边的人通常是善意的还是另怀目的地和我打交道？

问题二：这个世界是安全的还是遍布恐惧？我们必须未雨绸缪，早做打算。

是的，前面两条，直指我们的核心信念。

第二十三课　真相呈现的时刻

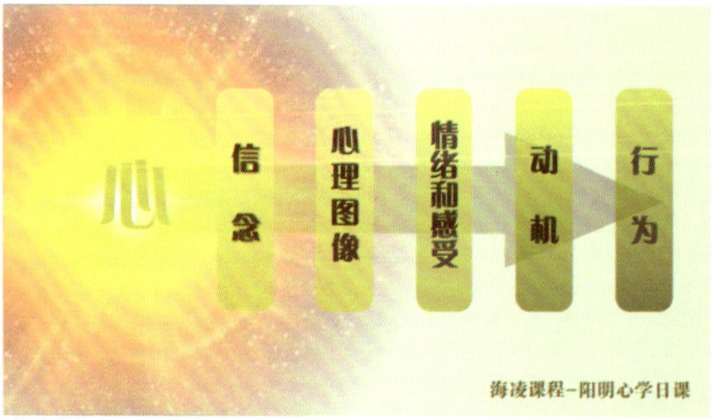

再看这张图，是不是清楚了很多?

能量，也就是“心”，透过我们的信念体系、心理图像，激发我们的情绪感受，并形成特定的动机，最终呈现为我们的行为。

而且，所有的这一切，还都是你的创造，包括这个能量流动的结构，和结构上的每个环节，都是你的创造。

在阳明心学里，修行素材的种类真的不多，就只有信念、心理图像、情绪感受和动机，因为在上面的结构图中：

- “心”是不用修的，“良知”是每个人内在本来就有的，您可以遗忘，您可以不记得，但您永远也无法增益或损耗其一分一毫。在所有发生的背后，是“心”，是无限庞大的生命力，像泉水一样喷涌而出的永不停歇的能量在支撑着这一切的发生。

- “行为”就像是荧幕上的连续画面，其存在的意义在于，通过您对行为的感受，提醒您内心本来就存在的“欲行之意”，永远不是发生了一个外在的事件，我们再对其发生反应，事情的发生，永远是由我们内在的情绪和感受所激发，然后我们再对其发生反应。同样，“行”这个部分，没必要修。
- 而信念通过我们的心理图像，激发起我们的情绪感受，这个过程是自动化的，完成的过程是不需要时间，不涉及空间的。我们的每一个行为之后，都有着相应的动机、情绪感受、心理图像和核心信念的支撑，同时发生，同时呈现，并随着我们行为的进行，一直都在，从未缺席。“知”“行”，本为一体。
- “知行合一”，“知”是什么？知就是信念、心理图像、情绪感受和动机的总和。“行”是什么？行是我们的行为，我们的思维，我们的念头，是的，一切能够被物质世界的我们所感知的部分，就进入了“行”。
- 阳明先生反复强调：

“交养互发，内外本末，一以贯之”，则知行并进之说无复可疑矣（“知和行本身就是互相存养、互相促进，知为内、为本，行为外、为末，一以贯之，不能分割的”，这样我们就知道知行并进之说再没有什么可怀疑的了）。

若如吾子之喻，是乃所谓不见是物而先有是事者矣（如果像您所说，还是在强调不是先有内在的知，而是先有外在的事了）。

吾子又谓“此亦毫厘倏忽之间，非谓截然有等今日知之，而明日乃行也。”是亦察之尚有未精。（您又说，“这也有毫厘瞬息的差别，虽然到不了今日知，明日行的地步，但知行之间还是有着时间的差距的”，这样说，同样是对知行之间的关系觉察得还不够精确，知行本就是同时发生的。

然就如吾子之说，则知行之为合一并进，亦自断无可疑矣（就是您强调知行之间有着毫厘瞬息的差别，有着起心动念的刹那的存在，即便这样，那知行合一的主张，也再没有什么可以怀疑的了）。

这就是“知行合一”的本质，您无法知而不行，您也无法行而无知，知行本为一体。阳明先生，您是怎么知道这一切的？

真相呈现的时刻：

时时刻刻，那广博浩瀚的能量，流经您的信念，流经您的心理图像，流经您的情绪，支持着您的动机，造就了您的行动。同时，这能量还透过您独一无二的全息子板，为您投射出一个广袤无比同时又精准绝伦的大千世界，不论是在您喜悦开心的时刻，还是在您忧伤哭泣的瞬间；不论是您和爱人深情相拥，还是您和上司大吵一架，这个“心”，这份流经信念、心理图像、情绪、感受、动机的能量，同样充满您的每一个行动和您所感受到的一切。

人生的每个瞬间都是奇迹的显现，这真的不是一句心灵鸡汤。

[今日功课]

抄写“真相呈现的时刻”之后的文字，三遍。

真相呈现的时刻：

真相呈现的时刻：

真相呈现的时刻：

第二十四课
从“心”出发，拆开“人心”和“道心”

欢迎来到阳明心学基础知识部分的重难点、必考题部分。

［原文］

爱问：“‘道心常为一身之主，而人心每听命’，以先生精一之训推之，此语似有弊。”

先生曰：“然。心一也。未杂于人谓之道心，杂以人伪谓之人心，人心之得其正者即道心，道心之失其正者即人心，初非有二心也。程子谓人心即人欲，道心即天理，语若分析，而意实得之。今曰道心为主，而人心听命，是二心也。天理人欲不并立，安有天理为主，人欲又从而听命者？”

［译文］

徐爱问：“《朱熹章句序》中‘道心常为一身之主，而人心每听命’，从先生对精一的解释来看，此话似乎不妥当。”

先生说：“正是的。心亦一个心。没有夹杂人的恐惧称道心，夹杂人的恐惧称人心。人心若能守正即为道心，道心无能守正即为人心，非人生来就有两颗心。程子认为人心即私欲，道心即天理，如此好像把道心人心分离开来，意思是正确的。而朱熹认为以道心为主，人心听从于道心，如此真正把一颗心分为两颗心了。天理、私欲不能共存，怎么会有以天理为主要，私欲又听从于天理的呢？”

从这段话我们不难看出，阳明先生对朱熹先生有认同的部分，也有不认同的部分。认同的部分，为了解释的方便，把我们的“心”在日常事务中的呈现，分为“人心”和“道心”两个部分，是可以接受的。不认同的部分，是因为天理人欲不并立，你要么就是活在天理里，活在“道心”里，你要么就是活在“人心”里，活在私欲里，所以不存在两个情况谁听命于谁的关系，因为两个情况，“人心”和“道心”，都是人可以活出来的部分。只是，不能同时活出来。

按我们现在的说法，你的每一个行为，每一个思维，要么是在“爱”里，要么是在“恐惧”里，你不可能同时活在爱和恐惧里，你可以随时从“爱”中掉入“恐惧”，将您呈现的部分由“道心”转化为“人心”，您也可以随时从“恐惧”中回到“爱”里，将自己的“人心”回归“道心”。

无论怎样，这都是您的“心”的全然创造。

“心”不评判，不计较，不分别，不嘟嘟囔囔。

不论是“人心”还是“道心”，不论是爱的信念还是恐惧的信念，不论是爱的信念调出的心理图像，还是恐惧的信念调出的心理图像，“心”都全然的支持，全都妥妥地伴随着这些心理图像，激发起我们相应的情绪和感受。

为了解释的方便，阳明先生不介意将“心”在外部世界的呈现，分成“人心”和“道心”两个方向，我也不介意。看这里，看这里！

我们姑且用深绿色部分的箭头代表我们的“道心”的通道，用下面的天蓝色箭头代表我们的“人心”通路。不难理解的是，“道心”通道上，“良知”把守，“人心”通路上，“私欲”时隐时现。

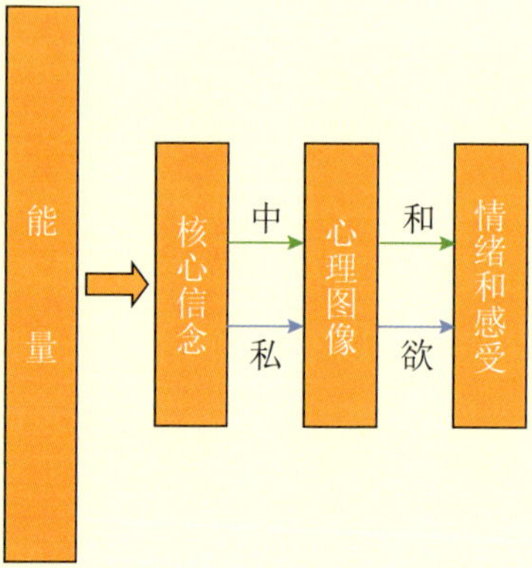

海凌人性图

“心”本来就只有一个。上图中所涉及的一切元素，都是为了理解和应用于生活中的方便而做的区分。

“心”之整体称为“仁”。那没有被“私欲”沾染的叫做“道心”，被“私欲”沾染的叫做“人心”。“人心”如果能够恢复其本来面目，就可以变成“道心”，“道心”如果忘记了它的本来面目，也就变成了“人心”。

能量在流经核心信念后，不管您是“中和”闪耀还是“私欲”泛滥，都会经过心理图像，激起您相应的情绪和感受。只是稍微让人感到有点担忧的是，如果您是“私欲”的信念体系，那么其随后发生的情绪和感受以及随之而来的物质世界及其中发生的事件，很容易给您带来压力甚至灾难性的经验。而同样让人略感庆幸的是，信念体系中“中和”的部分，也同样可以为物质世界投射一些令人欣然及喜悦的经验。

“心”不评判，不计较，不分别，不嘟嘟囔囔。

[今日功课]

您的“道心”在生活中的体现有哪些？

您的“人心”在生活中的体现有哪些？

选修题：您的“人心”和“道心”转换的时刻。

第二十五课
“实实落落依着他做去”和“偏不实实落落依着他做去”

［原文］

庚辰往虔州再见先生，问：“近来功夫虽若稍知头脑，然难寻个稳当快乐处。”

先生曰：“尔却去心上寻个天理。此正所谓理障。此间有个诀窍。”

曰：“请问如何？”

曰：“只是致知。”

曰：“如何致知。”

曰：“尔那一点良知，是尔自家底准则。尔意念著处，他是便知是，非便知非，更瞒他一些不得。尔只不要欺他，实实落落依着他做去，善便存，恶便去，他这里何等稳当快乐。此便是格物的真诀，致知的实功。若不靠着这些真机，如何去格物？我亦近年体贴出来如此分明，初犹疑只依他恐有不足，精细看，无些小欠阙。”

［译文］

明正德十五年（公元1520年），在虔州，九川再次见到先生。九川问：“最近，功夫虽略微掌握些要领，但想寻找到一个稳当快乐的地方，仍然十分困难。”

先生说：“你正是要到心上去寻找一个天理，这就是所谓的‘理障’。此间有一个诀窍。”

九川问：“诀窍？请问是什么？”

先生说：“它是致知。”

九川问：“如何致知？”

先生说：“你的那点良知，正是你自己的行为准则。你的意念所到之处，正确的就知道正确，错误的就知道错误，不可能有丝毫的隐瞒。只要你不去欺骗良知，实实落落依着他做去，如此就能存善，如此就能除恶。此处是何等的稳当快乐！这些就是格物的真正秘诀，致知的实在功夫。若不仰仗这些真机，如何去格物？关于这点，我也是近年才领悟得如此清楚明白的。一开始，我还怀疑仅凭良知肯定会有不足，但经过仔细体会，自然会感觉到没有一丝缺陷。”

阳明心学日常修习就一句话，实实落落依着他做去。

这一句话，道出了阳明心学在日常生活中的全部应用。正是因为这一句话太过轻描淡写，又淹没在浩如烟海的《王文成公全集》里，太容易逃过我们意识的注意，从而使得阳明心学的修习成了一道无从把握的难题。

举个相似的例子吧，以说明历史上的伟人们，都是怎么用不同的语言和词语，来表达这同一层意思的。

先说远的，在《圣经》中有一句话，如果有人打了您的左脸，您要把右脸也送过去。这是行为层面的实实落落依着他做去；接下来，很熟悉的一段话要来了，“敌进我退、敌退我追、敌驻我扰、敌疲我打”，哈哈，这是反其道而用之，为了胜利，我们要实实落落依着他怕的做去。怎么才能做到“实实落落依着他做去”呢？

还记得阳明先生说过的吧，“事变，皆在人情里”，所有事情的变化，归根结底，源于我们的情绪。阳明先生的理论，绝不是让人觉得云里雾里，不知所云的，也不是要高居庙堂之上，只有少数的幸运儿才能够领悟的。其核心，其真谛，其日常修习，一定是我们每个人都有的部分，一定是我们每个人都有的能力。不如此，何来伟大之说？

看这句话：

尔意念著处，他是便知是，非便知非，更瞒他一些不得。尔只不要欺他，实实落落依着他做去，善便存，恶便去，他这里何等稳当快乐。

我再给大家翻译一遍：不要说你的行为了，就是你的一个念头升起，你便能分辨这个念头，要么是在爱里，要么是在恐惧里，你自己的内心是非常清楚的，你瞒不得自己一分，更欺不得自己一毫。你只要不去评判，不去尝试改变他，对自己的情绪，你只需要实实落落依着他做去，自然会回归良知，自然会稳当快乐。

就这么简单？就这么简单。

就这么容易？就这么容易。

恰好，恰好，我们生而为人，对自己的情绪，是选择尊重和允许，还是选择拒绝和否认，我们每个人，都有这个选择的能力。

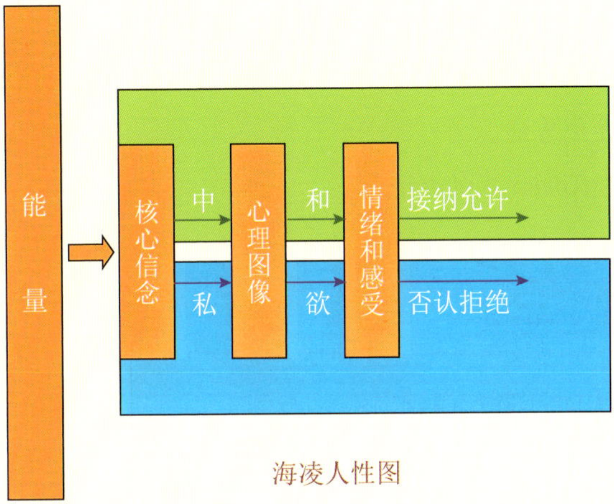

海凌人性图

这张图上增添了两个箭头，一个深绿色的箭头上，代表着接纳允许的方向，下面一个蓝色的箭头上，代表着否认拒绝的方向。这里很重要。

因为阳明心学的整个修习架构，就是建立在我们每个人都有的这个普世化的能力，我们既可以接纳和允许自己的情绪，实实落落依着他做去，也可以否定和拒绝我们的情绪，偏不实实落落依着他做去。

即便是“人心”和“道心”的转换，也同样在我们的能力范围之内。实实落落依着他做去，接纳和允许我们的情绪和感受，自然扬善去恶，从“人心”转换为“道心”；偏不实实落落依着他做去，拒绝和否认我们的情绪和感受，“道心”也会自然转变为“人心”。

阳明先生深谙“四两拨千斤”之道，这“允许接纳”和“否认拒绝”之间的转换，这一句“实实落落依着他做去”，就是那“四两”，就是那拨动世间万象，就是那重建人生命运的开门钥匙，请牢牢地握在您自己的手中。后面，我还会详细地给您说明使用方法。

记住阳明先生的原话：

我亦近年体贴出来如此分明，初犹疑只依他恐有不足，精细看，无些小欠阙。

一点毛病都没有啊！

现代心理学研究将人类的自然情绪分成了很多的类别，在我个人化的部分，比较认同将情绪划分为17种自然情绪的方式：愧疚、自责、绝望、悲伤、恐惧、欲望、愤怒、骄傲、勇气、淡定、积极进取、宽容、明智、大爱、喜悦幽默、内在平静和开悟。这是大卫·霍金斯的划分，我深以为然。

当这17种自然情绪从我们的内在升腾而起时，我们允许和接纳他们呈现在我们的生活中的时候，我们当悲则悲，当喜则喜，当怒则怒，当积极进取则积极进取，当宽容则宽容，当平静则平静，这是什么状态？这就是“发而皆中节”的状态，这就是“致中和”。

回到《传习录》，又有一段震铄古今的话语，要横空出世了。

［原文］

“喜、怒、哀、乐本体自是中和的。才自家着些意思，便过不及，便是私。”

［译文］

“喜怒哀乐，这些情绪的本体原为中和。自己一旦加些意思上去，稍有过分或达不到，便是私。”

就这一句话，道尽人世间修习的真谛。

你不仅自己能修，你还自带标准答案。

别说拒绝否认了，就是稍有过分或者表达得不充分，都是私欲。那在“致中和”的路上，我们唯一能做的，就剩下允许和接纳了，不着一点意思地，让我们的情绪和感受自在地呈现出来了。

看看婴儿，向他们学习“致中和”。

你会说了，这是“中和”的情绪，那对于我们这种已经有了“私欲”的人，怎么办呢？

阳明先生前面已经说了啊，“实实落落依着他做去”，这是允许接纳，还是拒绝否认，您自己判断。

接着看图上“允许接纳”右边的箭头，这 17 种自然情绪没有全部写出来。随着这些情绪的自然呈现，我们在这些情绪的激发下，塑造了我们的人生经验，创造了属于我们每个人所特有的体验，随着这些情绪完成他们的生命历程，我们恢复了平静。

就这样，圣人和佛陀度过了他们的一生。

比如，一个亲人去世了，我会悼念，我会哭，我允许自己的情感流动。如果我允许这种情绪流动，它就会在一个时间段内结束，并帮助我完成对亲人的哀悼及最终的分离。

[今日功课]

问题一：试着写出自己的一个印象深刻的情绪，并尝试着辨识一下自己对这个情绪的态度。

问题二：如果可能的话，和一个一岁以下的小宝宝共处一天，看到那本体自是中和的喜怒哀乐。

第二十六课　私欲的过程，是一个循环

允许和接纳就是允许和接纳，而否定和拒绝，可以有一千种面目。在上一课我还提到了阳明先生说的两种——过和不及，我们很容易就可以再加上，评判自己的情绪，压抑自己的情绪，回避自己的情绪……

只要你着一点意思在上面，只要你还有一丝觉得自己的情绪不应该这样，想去修正他，改变他，使他有所不同的意思在上面，那么，你就进入了蓝色的“拒绝否认”的部分。

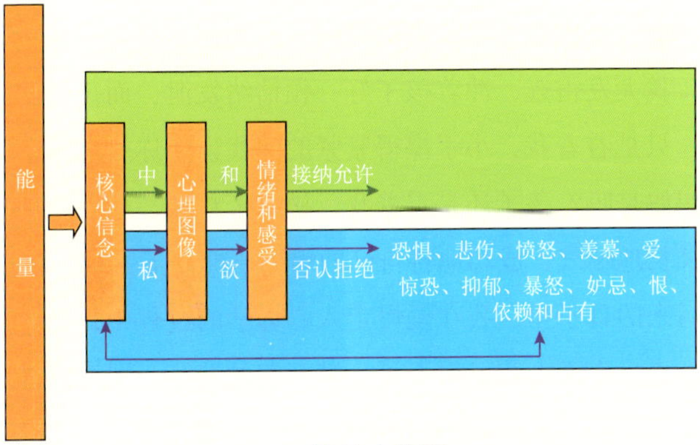

海凌人性图

“花开两朵，各表一枝”，我们先顺着蓝色的箭头走一走，我们可以拒绝和否认我们的情绪和感受，而这些被否认拒绝的部分，并不会凭空消失，它们会进入我们的潜意识，反过头来，加强“恐惧”的核心信念，形成限制性心理结构。

你就来到了“自我贬低、自我惩罚、自我设限和自我压抑”之境，而随着这些自我否定的行为，你又向内不可避免地加强了那个“恐惧”的核心信念。就这样，您成功地培养起了自己的“私欲”。

看见那个循环了吗？

中国的学校教育和家庭教育一直致力于培养我们如何表达自己的认识和看法，但经常忽略了培养我们如何表达自己的情绪和感受。很多人对于自己的情绪，要么压制，要么爆发。一些成年人的情绪表达依然是非常原始的、直接的，没有经过任何组织，不讲究任何策略。我们经常会试图拒绝和隔离自己的甚至身边人的情绪和感受，试图将情绪压抑下去，而且，经常的情况是，我们很容易成功。

记得有一次在儿子 5 岁的时候，因为他不好好写课外班的作业，我大发雷霆，冲着孩子好一顿情绪发泄，而孩子什么也没说，只是看着我，小手攥得紧紧的。我说：你想干嘛？你还想打妈妈是吗？孩子还是看着我，松开了双手，尽量让自己放松，长长地喘气，成功地将自己的愤怒压抑了下去。

后来的日子里，我在慢慢走入心理学的过程中，越来越了悟了一点，表面上我们看不见、摸不着的情绪，同样有着自己的质地和重量，您以为把它压抑下去了，它就不见了，实际上，它哪里也没去，它只是累积起来了，在身体里。

当自然情绪无法自如地表达自己时，当我们试图拒绝和隔离我们的情绪时，我们的情绪反过来会加强我们的限制性信念，一次次地，我不允许我的儿子自如地表达他的愤怒，很快，孩子在成长的过程中，就会建立起“表达自己的情绪是错的”这个信念，并将自己的愤怒压抑成为一旦爆发就难以控制的暴怒。

这是一个小蛇咬自己的尾巴一样的循环。而且，还会一代代地向下传递，我们能传递给孩子的，绝不是想法，不是那种“你要好好学习，不然你怎么考大学，不然你怎么生活，不然你怎么……”的想法，我们传递给孩子的，是最本然的个人感受，这个世界是安全的还是危险的，我们是被这个世界支持的还是抛弃的，这些最本然的对世界的感受。

就是这些限制性心理结构，也是能量的创造物，它的生命力，由我们本该用来创造的能量所供养。

成人的情绪中一般包含着大量的“私欲”。因为我们的文化强调“退一步海阔天空”，很多时候当时忍了，但情绪没有得到有效处理，而是被压抑了。被压抑的情绪作为一种能量在积累，总会有爆发的时候。我们常说“压倒骆驼的最后一根稻草”，有时看似很小的一件事却能引发某人的激烈反应，旁人会感叹“这么一点小事儿也值得发这么大火吗？”这时，其实往往就是“私欲”在作祟。

让我们看下面这个案例：刘老师是一位美术教师，最近她的心情糟透了。她认为自己对待工作一贯认真负责，但连续3年参评中学高级职称却都因种种原因没能评上。看到别的学科比自己年轻的教师都已经成功晋职，她觉得越来越不是滋味。面对班里三十几个学生，她只好把自己的焦虑与不满藏在心里。这几天只要一回到家她就难以控制自己的脾气，已经对爱人和孩子发过几次火，事后她无比后悔。前几天，上美术课时，班里有一名学生要么懒洋洋地趴在课桌上，要么与周围同学说笑打闹，刘老师要求这名学生遵守课堂纪律，没想到学生不但不听从老师的劝告，反而大声顶撞，甚至动手推了刘老师一下。这让刘老师感到异常伤心和愤怒，她再也控制不住自己，向学生吼道："去请家长来！"然后流着泪摔门冲出了教室……

上面案例中刘老师面对不守纪律的学生的狂怒和夺门而出就属于典型的"私欲"。

而刘老师的狂怒和夺门而出，又再次加强了"我的生活真的太苦了"这个核心信念，一遍又一遍。

对待"私欲"要觉察，把"私欲"的出现当做一个礼物收下来，去发现隐藏在"私欲"后的真实信息。当您发现自己总是为一些小事而生气，而且很长时间都陷在情绪的沼泽里时，您就要警惕了。"私欲"是指反应性情绪，它经常是有问题的，因是遭受挫折而引起的防御和攻击，从而使自然情绪被掩盖或指向相反，因而失效。对待"私欲"最好的办法是冥想，觉察情绪背后的真实需求。

比如很多夫妻之所以关系紧张，就是因为彼此之间没在自然情绪上做沟通，而是在"私欲"上做了以牙还牙的反应。

让我们看下面的这个案例：

妻子告诉老公，邻家男人换了新工作，又买了一辆新车。正在看报纸的丈夫"嗯"了一声，抬眼看了看妻子，没说话。妻子接着说：你觉得我们是不是也该买辆新车了？丈夫又"嗯"了一声，但没再抬眼，而是继续看报纸。

这时，妻子心想：如果有了新车，能让邻居们看到我家的经济实力，可他虽然努力工作，却并不爱我了，对我的话毫无反应——如果爱我，他不会这样表现的。

与此同时，看报纸的丈夫心里也在说：她一点也不理解我，只会提出更多的物质要求。这么想着，丈夫背过身去。

这下可惹怒了妻子，她大声地指责丈夫：你根本就不爱我！

丈夫备感伤害，摔门离去。妻子伤心地哭喊着跟出门去。

于是，形成了妻子在后面追，丈夫在前面跑的镜头，而丈夫在前面跑，不过就是强化了妻子“你就是对我不够好”这个核心信念。

当事双方都被对方表象的情绪激惹了、控制了，不知此情绪下面掩藏的真实需求。妻子心里担忧的是“你还关心我吗”，那个被指责的男人内心想要的是“你能不能尊重我一点？理解我努力工作就是对你的爱”，可他没想到，他的转身与摔门离去，都是在拉大与妻子的距离，加剧她的担忧，使得她做出一系列更强烈的反应。逃跑丈夫的不予理睬，让妻子感到被拒绝的挫折。对此，她有了一个反应性的情绪即愤怒，所以指责。事实上，愤怒下面掩盖的自然情绪是悲伤，悲伤下面是恐惧——她害怕与丈夫的关系变得如此的“不可联结”，亲密不再。

就这对夫妻来说，对他们的治疗就是要让丈夫知道妻子的恐惧，让妻子知道丈夫对她的依恋，不然，他不会在她提出离婚后来寻求治疗师的帮助。他对妻子的依恋，能让妻子感到自己被需要的价值，这会平复她对失去亲密感的恐惧。

阳明先生反复强调：

爱曰：“如今人尽有知得父当孝、兄当悌者，却不能孝、不能悌，便是知与行分明是两件。”先生曰：“此已被私欲隔断，不是知行的本体了。未有知而不行者。知而不行，只是未知。”

这时候的“知”，只是头脑的知道，而和“行”相对应的“知”，只是“未知”，只是“私欲”。我们可以继续批评自己不能孝，不能悌，也可以向内，去觉察我们内心的“私欲”的部分，是什么样的限制性信念，投射出要被自己的头脑评判的行为。

先生曰：“人若真实切已用功不已，则于此心天理之精微日见一日，私欲之细微亦日见一日。若不用克己工夫，终日只是说话而已，天理终不自现，私欲亦终不自现。如人走路一般，走得一段，方认得一段；走到歧路处，有疑便问，问了又走，方渐能到得欲到之处。今人于已知之天理不肯存，已知之人欲不肯去，且只管愁不能尽知。只管闲讲，何益之有？”

这一段是在奉劝大家，开始吧，开始自己向内看的历程吧，这是不早也不晚，刚刚好的时机。闲谈无益，空讲无用，只是在头脑思维的层面一遍遍地说故事，对发现天理和私欲真的没有什么益处。而且，阳明先生保证，人若真实切已用功不已，则于此心天理之精微日见一日，私欲之细微亦日见一日。随着功夫下得越深，您会在慢慢觉察天理的精微的过程中，自然增加对“私欲”的觉察能力。饭是一口一口吃的，路是一段一段走的，对自己，要有耐心，不怕走错，不怕走到歧路上去，有疑问了，问问就好，问清楚了，接着走就是，终归，您会走到自己想去的地方。

“诸公近见时少疑问，何也？人不用功，莫不自以为已知为学，只循而行之是矣。殊不知私欲日生，如地上尘，一日不扫，便又有一层，着实用功，便见道无终穷，愈探愈深，必使精白无一毫不彻方可。”

这段话充分显示了阳明先生婆婆妈妈的一面，同时也不难看出这位老师一旦没人问问题，会抓狂的。这些天你们怎么不问问题了？为什么呢？不用功怎么行呢？不要以为自己什么都知道了！做学问是要循序渐进的！！！你们不知道啊，这私欲，就像地上的尘土，一天不扫都不行的！不扫就又是一层啊！扎扎实实地用功啊！越用功，就会越发现求道无止境啊！越探查，就会越发现深处还有啊！！一定要让这纯净的天理没有一丝的尘垢蒙蔽才行啊！才行啊！！！

阳明先生，您牛，这个任性啊！

“心即理也。此心无私欲之蔽，即是天理。不须外面添一分。以此纯乎天理之心，发之事父便是孝。发之事君便是忠。发之交友治民便是信与仁。”

阳明先生还给我们描述了一幅美好的景象：大家听我说啊，这个心，就是理啊。如果这个心没有为限制性的心理结构所蒙蔽，那就是天理啊。所有的能量都为您所用，所有的资源本自具足，不用从任何地方添上一分一毫。这时候，您用这纯粹是天理的心，用它来侍奉父母，不管您怎么做，都是孝；用它来侍奉君主，那就是忠；用这颗天心和朋友交往，那就是信；用它来治理民众，那就是仁啊。到那时候，您所有的生活都处在一种随心所欲不逾矩的状态里，您的生活，天天充满奇迹。

惟乾问：“知如何是心之本体？”先生曰：“知是理之灵处。就其主宰处说，便谓之心，就其禀赋处说，便谓之性。孩提之童无不知爱其亲，无不知敬其兄，只是这个灵能不为私欲遮隔，充拓得尽，便完；完是他本体，便与天地合德。自圣人以下，不能无蔽，故须格物以致其知。”

惟乾问：“知行合一的知，为什么是心之本体呢？”阳明先生说，知是理的魂啊。谁在主宰着“知”？“心”；“知”体现出来的特点是什么？我们称之为“人性”。儿童的“心”是最纯净的，他们和本来的自己时时刻刻都在一起，所以孩子没有不知道爱他的亲人的，没有不知道尊敬他的兄长的，这些根本都不用教给孩子，反倒是我们大人要向孩子学习。只是随着年岁的增长，孩子的纯天理的“知”慢慢地被“私欲”所掩盖，我们再努力地将这个“私欲”一点一点地修下去，到修得一丁点都不剩时，这个“知”就完整了。完整是“知”的本来面目，这时候的“知”，和天地同辉，日月同照。但是，不是圣人的人，不可能没有“私欲”，所以要不停地格物，好达到“良知”的境地啊！

杀人须就咽喉上着刀，吾人为学当从心髓入微处用力，自然笃实光辉。虽私欲之萌，真是洪炉点雪，天下之大本立矣。

我喜欢这一段，这段能看出阳明先生确实是带过兵、打过仗的狠角色。杀人要从咽喉上下刀，才能一刀毙命；我们做学问啊，要从我们心中最细微的、最不易察觉的闪念处下功夫，自然可以“笃实光辉”。这时候，就是有一点私欲想要萌发出来，那也是飘在火炉上的雪花，没有立足之地的，到这时，您的世界里，算是大方向已经立起来了。

[今日功课]

找一个自己的痛苦点，写下来，试着找出其中的“私欲”。

第二十七课　私欲总是在重复它自己

私欲一旦形成，就会反复循环。这些私欲会随着我们年龄的增长，一点点地增益其自身的质感和存在度。

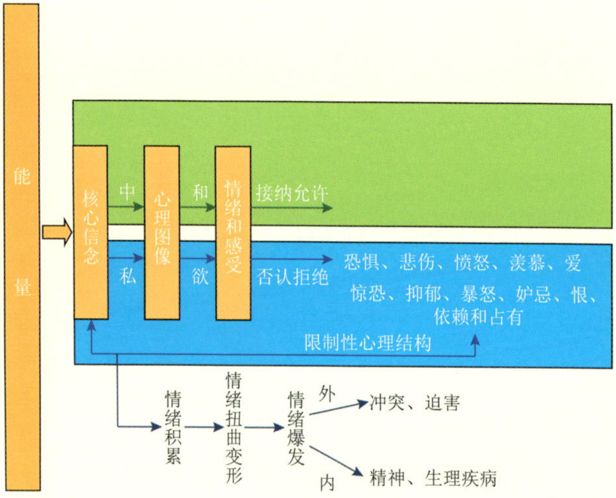

海凌人性图

在限制性心理结构之下，又增加了一块，因为限制性心理结构具有了不得的惯性，就像阳明先生所说陆澄的那棵大树一样，“私欲”也有自己的生命力，在你没有看出来之前，在你的内在自动化地茁壮成长。

让我们看一下“私欲”循环下面的部分，因为这个小蛇咬尾巴的循环的存在，我们习惯性地将情绪压进我们的身体和潜意识里，压制情绪的过程，就像一个气球，就像不停地往一个气球里打气的过程。情绪不能被支持和接纳，就像是气体不停地被打进一个容量有限的气球，在其中不停地累积，而且，情绪气球的质量还特别好，就是打满了，它还能往里塞，变着法儿地往里塞。在这个气球爆炸之前，情绪在其中不断被挤压、变形，因为您的意志力是如此的强韧，不允许情绪有一点外漏的部分（当然，这也只是您的一厢情愿），但无论如何，终归是把绝大部分的情绪，憋在了您并不知道的地方。

到这个程度的人，是非常好辨认的。生活中有没有遇到过阴阳怪气的人？有没有遇到过正话反说的人？有没有遇到过凡事都夸张表现的人？有没有遇到过不管遇到什么都唉声叹气的人？一百个人，就能有一百零一种扭曲和变形自己情绪的方式，只多不少。

到最后，实在是装不下了，这些情绪就不像气球漏气，而是像小时候的铁桶爆米花一样地“嘭”地找到了自己的出口，从情绪气球中爆出来。向身体的外部爆炸的话，会投射出您所不愿意面对的冲突和事件，如果您的意志力是向内指向的，那么，很遗憾，您生病了。

记得那句话吗？病来如山倒，说的就是您的情绪终于找到自己的出口的瞬间，而在这之前，那长达几年，甚至十几年、几十年的情绪累积的过程，一直存在，只是不为您自己所知罢了。并且在生病后，也只是您的情绪暂时找到了自己的出口，您的那条咬尾巴的小蛇还在，您的限制性的心理结构还在，还在不停地产生着您的疾病所需要的源源不断的养分，慢性病，

泡泡，她一闭眼，心一横，就跳了进去。同时，她开始放声大哭。在这种歇斯底里的哭泣中，她看到四五岁的自己，在童年时生活的街道上一个人走着，一边走，一边哭泣。她刚和妈妈吵了一架，她想买一个糖人儿，妈妈不给买，说哪有这个闲钱买糖人儿，家里本身就不富裕，让她不要胡搅蛮缠。她很生气，就自己走出了家门，想离家出走。她一边走一边哭，越想越伤心。可是，当她离家越来越远，她突然想到，我饿了吃什么呢？我晚上在哪里睡觉呢？我会不会被坏人带走？想到这些，她突然发现自己无处可去，因为只有家才能提供这些必须的物质保障。而她，必须要回到那个她才刚刚下决心要永远离开的地方。一份很不情愿的感受，在她小小的心灵中，就这样种下了种子。

她转身向回走，带着满心的委屈和不情愿，离家越近，她的这份不情愿就越明显，可是，没办法啊，妈妈都说了，生活很艰难，我的生活，也是同样的艰难啊。

等她回到家，妈妈还在忙碌着，准备大家的晚餐，甚至没有人发现她离开过。这份小小的艰辛，就这样，在她的心里开始生根发芽。

觉察到这一点后，在自己房间中的她继续哭泣，原来，自己对生活的艰辛感是从这里来的，而且，一瞬间，她就明白了，为什么她和爸爸妈妈总是不亲近，总是很难像别的兄弟姐妹一样，在爸爸面前撒娇，或者在妈妈面前插科打诨，乱开玩笑。从艰辛的种子种下的那一刻，她还有一个小小的声音在鼓励自己：你就是在这个家吃饱穿暖而已，等自己一有了能力，你就会离开这个家，不再过这种寄人篱下的日子。现实也是如此，考大学时，她特意挑选了一个离家很远的学校，然后就在这个学校所在的城市定居、工作、结婚、生子，然后离婚。

觉察到这一点，让她一下子明白了很多自己生活中发生的事情，原来都是自己的意识和潜意识心理结构的选择。

是的，经常会是这样，一个对自己“私欲”的觉察，只要您允许，您的“心”，您的内我，会自然把您带到这个情绪最初产生的地方，而童年，是我们经常会遇到的一个答案所在的地方。

[今日功课]

试着从自己的一个想解决的矛盾冲突中，看出自己无法面对、否认或拒绝的情绪和感受。

第二十八课
良知的过程，同样是一个循环

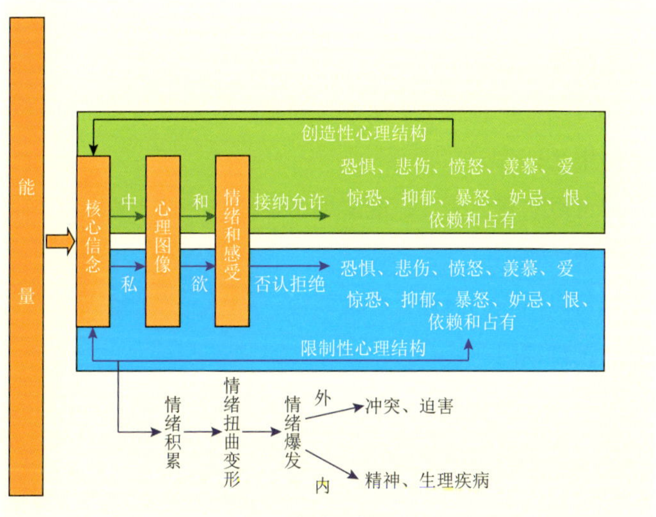

海凌人性图

我们再回到“花开两朵，各表一枝”的另一条路，深绿色箭头上的接纳允许的方向，我们来看一看。当你的情绪处在你接纳允许的范围内时，你的情绪可以得到自发性的表达，你不再是一个错误，你的情绪也不再有错，在这样的氛围里，你的轻松又加强了“爱”的核心信念，形成了一个创造性心理结构的循环。这里我们稍微展开一下，这个创造性心理结构的循环，也就是良知的循环，是在我们的生活中随处可见的。你会忘记，但它一直在。

很多良知的循环，是不需要你做任何努力的。

每天的日常生活的运行，全部是在良知的支持下进行的。或者说，为了更好地说明这个问题，我试着反着解释一下：你每天进行的所有行为，如果有私欲的干涉，都可以变得举步维艰。

作为一个心理咨询师，我了解很多在私欲之下，生活无法正常运行的情形。

你可以在早晨起不了床，一睁眼，就觉得不知如何面对这一天的生活；

你可以拿着牙刷，一遍遍地思索，怎么才能够挤出让自己满意的条状物；

你可以出门的时候，必须要锁三遍门，到了单位，还在担心自己锁没锁门；

你可以在地铁上，呼吸紧张，满手是汗，当有人靠近自己的时候，紧张得全身发抖；

你可以面对工作，力不从心，绞尽脑汁地思考怎么才能把事情对付过去；

你可以和爱人互相伤害，每天在争吵和歇斯底里中度过；

你可以面对孩子，却不知道怎么让他（她）满怀激情地写作业；

你可以在每天晚上入睡前，为自己说过的某句话，做过的某件事，懊悔不已。

这都是私欲的面貌，这些私欲让你无法安然自处，无法享受生活的某些部分，让你不快乐，让你感受不到幸福本来的样子。

最宝贵的东西都是免费的，比方说阳光和空气；对于我们最重要的良知的运行，同样是不需要费力的，比方说你早上从床上坐起来，怀着稍显紧张的心情一溜小跑跑进厕所。

还有一部分良知的运行，是和你自己密切相关，需要做些功课的。同样，不复杂，你一定可以的。

阳明先生说："澄喻：'自咎罪疾，只缘轻傲二字累倒。'足知用功恳切。但知得轻傲处，便是良知；致此良知，除却轻傲，便是格物。致知二字，是千古圣学之秘，向在虔时终日论此，同志中尚多有未彻。"

"格物致知"，"格物致知"的意思，在这个时刻，也变得清晰而通透起来。这时候的弟子陆澄，已经对自己的内在心理结构有所觉察，看到了自己的限制性心理信念，就在"轻傲"两字，在生活中，时时被轻视和傲慢的态度困扰。阳明先生首先肯定了他的努力和用功，因为这份属于弟子澄个人化部分的限制性心理结构，是他在自己的生活中真真切切地觉察和提炼出来的，并勇敢地承认了下来。

同时，阳明先生更深刻地肯定了一点，觉察到"轻傲"的限制性心理模式，就是"良知"。"良知"一直高高地闪耀着，好像是我们看不见、摸不着、够不到的东西，现在，是不是看到了一点希望和曙光，能够觉察到自己的一点点限制性心理结构了？如果是这样，就是进入了"良知"的范畴。

承认了自己的"轻傲"，陆澄就进入了接纳允许自己的"轻傲"的环节，承认自己有这一部分，就能够认出，自己的"轻傲”，并开始在生活中真真切切地看到：

- 自己的“轻傲”对自己造成了什么样的影响；
- 自己的“轻傲”对自己和他人的关系造成了什么样的影响；
- 自己的“轻傲”给自己带来了哪些困扰；

当然，还有同样重要的：

- 自己的“轻傲”给自己带来了哪些好处；
- 自己的“轻傲”是如何帮助自己成为了今天的自己……

就这样，陆澄完成了一个重大的转变，从拒绝否认的“小蛇咬尾巴”的循环，进入了接纳允许的“创造性心理结构”的循环，也是图中浅绿色底版的部分。他停止了评判、停止了自责、停止了自我修改，他就那么简简单单地停在了自己的“轻傲”里，就那么看着它，琢磨它，认识它，了解它，和自己的“轻傲”和解。陆澄意识到，他的内心，一些力量在慢慢地升起，并回过头来，加强着自己的核心信念。

一念之转，就从“私欲”的循环，进入了“良知”的领地。

接下来，阳明先生精确地描述了“格物”的定义：致此良知，除却轻傲，便是格物。向着良知的方向，将“轻傲”的限制性心理结构放下，这个过程，就叫作“格物”。“格物致知”，“格物”两字，大家都是肯下功夫，愿意下功夫的，而“致知”两字，阳明先生自己都说，这是千古圣学之秘，确实不容易，修行“心学”的过程，就是修行“人性”的过程。大部分人都是不知道，或者没有办法贯彻到日常生活的运用上。

阳明先生的心啊，豆腐做的。

[今日功课]

写出自己引以为傲的时刻。

第二十九课
在良知里运行的过程，同样也总是在重复它自己

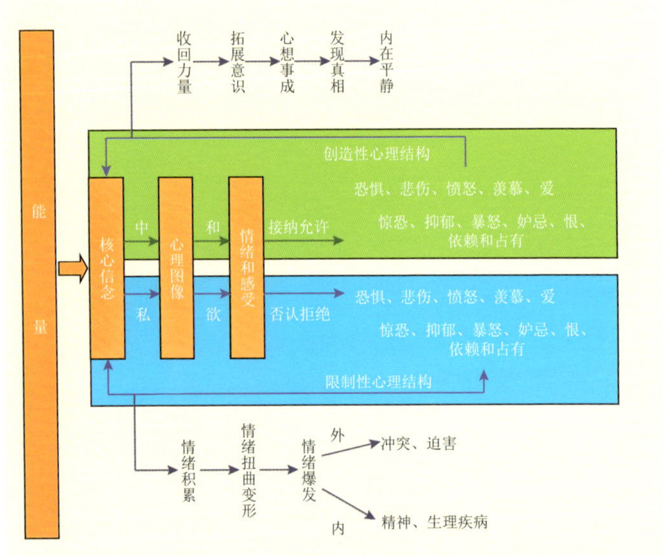

海凌人性图

绿色底板上的创造性心理结构的循环上，又增加了一个部分。进入接纳允许的情绪和感受，首先就会收回力量，从哪里收回？就从你原来外在发生的冲突和迫害，从你内在发生的心理、生理疾病中收回，原来这些部分的发生，是需要你持续不断地心理能量的供给的，当你认出了他们给你的提示，认出了你自动化的拒绝和否认的部分，供给这些外在和内在冲突的力

量，就被收了回来。

在良知里运行的过程，同样也总是在重复它自己。

同样，你有自己一些成功的时刻，一些自己引以为傲的经历和经验，你在自己的内心，知道有一个模式，只要你自己按照这个模式运行，最后就能成功。这个部分，更是每个人最最宝贵的创造性心理结构，你继续重复使用就可以了。

创造性的心理结构，使得我们的生活轻松而愉快。处在“生活的受害者”角色中的人，是没有力量的，总有一种挥之不去的无力感，觉得对生活的环境、人物无能为力，不是钱不够花，就是觉得拼尽全力也无法让自己和周围人满意。从“限制性心理结构”转化到“创造性心理结构”，你首先会感受到的，就是慢慢收回了力量，开始能够掌控自己的生活；接纳允许了自己以前无法接纳和面对的情绪和感受，自然实现了意识的拓展，越来越多的，你开始发现生活在按照自己的意愿在展开，体会到心想事成的喜悦；甚至对于生活中不尽如人意的部分，你也可以开始认出同样是灵魂的渴望，也是自己心想事成的部分；这时候，你就越来越多地开始发现人世间万事万物运行的真相；随着真相慢慢被揭示，你会开始对事情的发生有着透彻的了解和体悟，心底真正的平静也会自然而然地到来。

这就是创造性心理结构在我们的生活中一点一点展开的过程，就如我们经常听到的话：“只要你在一个事物上投入超过10000小时的时间，你就会成为一个专家。”“每天对业余时间的利用，决定了你将会走向哪里。”

对这一点，我深有体会，我有一份朝八晚六的全职工作，经常需要加班。阳明心学是我的业余爱好，正是因为灵魂的渴望，所以并不觉得投入了太多的时间。趁这个机会，我统计了一下，仅是阳明心学公益授课一项，纯粹是我在分享，别人听，我就已经进行了超过1000小时；如果统计自己按照人性图自修的过程，九年时间，每周就算三个小时，也超过了1400小时；书架里有200本左右的心理学书籍，一本最少4个小时的阅读时长，也有800小时；用阳明心学做咨询，也有1000小时左右；我又根据自己从对阳明心学的修习中获得的体悟，研发了一套心理咨询工具，即阳明能量棋，使每个人都能坐下来，着手解决自己的问题。

我将阳明先生的理念运用于生活，带出来一支心理危机救援队伍，这个队伍在2015年“8·12”天津滨海大爆炸之后，赴天津做了长达46天的心理救援工作；然后是四川九寨沟“8·8”地震，我们的队伍赴九寨沟进行心理危机干预，17个乡寨全部走遍，老乡们白天没有听上课，没有做上咨询，晚上跑到我们的驻地，要求再讲一遍课，要求走棋；后来，这支队伍又承接了“9·8”房山灭门案幸存者心理危机干预、棍棒下的小姐弟、“5·20”校园凶杀案等心理危机救援任务，并开始承接中国少年儿童慈善基金会“9958”热线困境儿童家庭心理援助、“小红伞”失独失亲家庭成员公益救助、北京儿童医院白血病爱心小家的儿童和家长的心理救助、北京通州绿梦救助站困境儿童家庭心理公益救助、自闭症儿童群体、融合教育特殊班级的儿童及家长的公益心理援助任务。花莲地震、普吉岛沉船、埃塞俄比亚空难，我们队伍的老师都受当地政府和救助机构的委托，奔赴前线，全程参加心理救援工作。

这些救助活动，我们没有收取一分钱费用，一开始是我在养队伍，慢慢地，越来越多的人来到我们身边，支持我们，帮助我们，我们自己的老师也在迅速成长，咨询的功力也在快速提高。现在我们队伍已经有了30余位咨询能力超强的阳明心学心理咨询师，他们也在反哺这支队伍，日子越过越轻松了。

我感恩这个过程，从知识的获取，到自身的体悟，再到分享出来，再到更多的人将阳明心学运用到自己的生活，一个“创造性心理结构”的小循环并不复杂，把一件事情用心做好就是了，剩下的，交给时间。

多说一句，这本书的初稿只用了7天，后面的修改整理经历了三年半，外在有一本书在创作，在我的内在同样也有一本书在慢慢成形。在我没有看到自己内在的这本书之前，我的书稿修改就是改改停停。

整本书最后创作的两课，是本节和后面一节课，一直到这两课出现，我一下子就看到，内在的书出现了，它成形了。

[今日功课]

你的生活中，有没有听到或者看到从平凡日常之中累积出来的奇迹？

第三十课
在“良知”里还是“私欲”里，生活都在继续

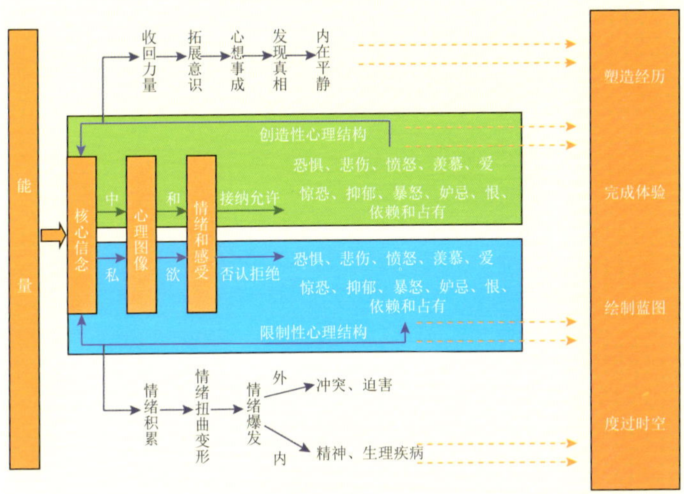

海凌人性图

图片上增加了五组虚线箭头，表示所有的经验。这五组箭头都指向了一个橙色的方块，代表我们所有的人生经验、个人经历、社会组织，不论在“良知”里还是“私欲”里，生活都在继续，都在塑造我们的人生经历，随我们完成这一生的体验，将我们生而带来的生命蓝图，描绘进物质世界，并度过我们的时空。

每个人都有呱呱落地的出生和悄无声息地离世，就在出生和死亡之间，我们完成了作为人的一生。只要你活在这个世界

上，你的人生就在人性图的规律里运行。

人世间的事，概莫能外。

人性图中所有的分隔，只是为了说明和解释上的方便，私欲的背后，同样是良知在运行。接纳允许和否认拒绝，也不是两个完全独立互不相干的个体，我们对情绪和感受接纳允许的部分，远远大于否认拒绝的部分，而且不是倍数级的差距，是指数级、是主体和零头的区别。它们本为一体。

人性图，尚未完成。

[今日功课]

试着画一下人性图。

第三十一课
无善无恶心之体，有善有恶意之动

没有“人性图”，阳明先生的四句教，“无善无恶心之体，有善有恶意之动，知善知恶是良知，为善去恶是格物”，就像是谜语。

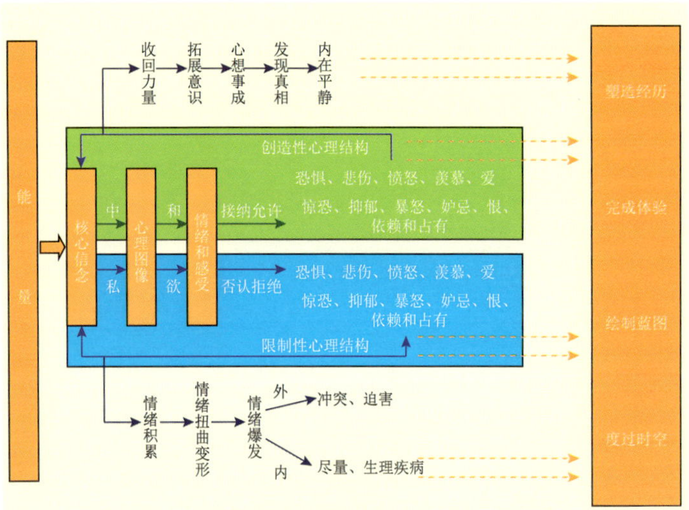

海凌人性图

“无善无恶心之体”：

“心”不评判，不计较，不分别，不嘀嘀咕咕；

“心”支持一切，支持一切的创造。“心”允许你做喜欢的情景创造，“心”同样支持你做不喜欢的情景创造。“心”是无限的，能量是无限的，时间是无限的，空间是无限的，你自己和整个世界都是一体的，都是你的创造。

而“私欲”，明明是自己头脑哄着自己相信的一个故事。上世纪80年代的时候，我们在大街上看到一个演坏人的演员，我们会义愤填膺，甚至对这个演员怒目而视，恶语相向，为什么？因为我们没有把这个演员和他在荧屏上的角色分开。

今天的我们也是这样，我们没有把自己和自己在人生中所扮演的角色分开，就像我们迟早会明白，那个总是演“坏人”的演员，同样是一个崇高的“人民艺术家”一样，我们早晚会明白，在人生舞台上的“我”，只是那浩瀚无垠的“心”创造的一个角色，我们的本体，要比那宽广得多。

同样，我们也不难理解，为什么阳明先生会常常说：“吾此意思有能直下承当，只此修为，直造圣域。参之经典，无不吻合，不必求之多闻多识之中也。”

“心”是无垠的，“私欲”是有限的，每个人的重点“私欲”伸出两只手，就数得过来，所以，踏踏实实地向内觉察，修吧。

“有善有恶意之动”：

有了“道心”和“人心”的区分，以及相互转化的可能性，使得修行成为了一个日常生活中可以实实在在践行的部分。

从人性图来看，“道心”和“人心”在“信念”的地方就分成了两条线路，“爱”的线路，和“恐惧”的线路，而且，经常出现的误区是，我们自然而然地“接纳和允许”爱的线路，“否认和拒绝”恐惧的线路。造成的结果是，“中和”的部分稳稳当当，“私欲”的部分茁壮成长。我们看到自己的错误，就急着改正它，修正它，殊不知，这份所谓的“错误”，不过是内在“私欲”的一个外在体现，看不到内在“私欲”的结构，任何想在这个“错误”的结果上进行修正的努力，都不过是对这份错误的一个强化。

所有我们抗拒的，都会继续，我们接纳和允许的，才有可能过去。

我们在生活中，能够看到我们对自己满意的部分和不满意的部分，对他人和世界，我们也有着满意和不满意的部分。是的，不用怀疑，我们对自己和他人满意的部分就在“中和”里，我们对自己和他人不满意的部分，就在“私欲”里。你生活的绝大部分，都在“中和”里。

我们国人经常谦虚过头，一听说自己绝大部分都活在“中和”里，肯定会使劲摇头，“怎么会，怎么会，过奖了，过奖了”，表达委婉的否定。那么，我来问您几个问题，您看您自己，是不是在“中和”里？

每天早晨，您能不能够正常醒来？

醒来之后，是不是知道自己在哪里？

能够正常行走吗？

心脏跳动正常吗？

呼吸正常吗？

排便正常吗？

手脚能够按照自己的意愿活动吗？

能挤地铁吗？

能开车吗?

能和人正常地交流吗?

能完成自己的本职工作吗?

能自由地到达自己想去的地方吗?

晚上能不能够正常入睡?

是的，就是这些问题，如果大部分的答案都是“我能够”，那么，您是被“中和”所环绕着的，因为，“私欲”可以使以上所有问题的答案变成“不能”。是的，“私欲”就有着这么大的力量。

以下问题，统统是由“私欲”创造的：

工作中让你头疼的人；

孩子不听话的时候；

朋友误会你的时候；

你觉得自己一无是处的情景；

你觉得无能为力的场景；

你失败的恋情；

你无力回天的关系；

你的慢性病；

你的钱总是不够花；

你无法获得想要的生活……

“有善有恶意之动”，是的，“中和”和“私欲”的分界线清晰而明确，只要你有着一丝丝被害者的感受，只要你还有一点点对生活失去了主动权的想法，都是“私欲”。

[今日功课]

找出你的生活中被“私欲”影响的部分。

第三十二课 知善知恶是良知

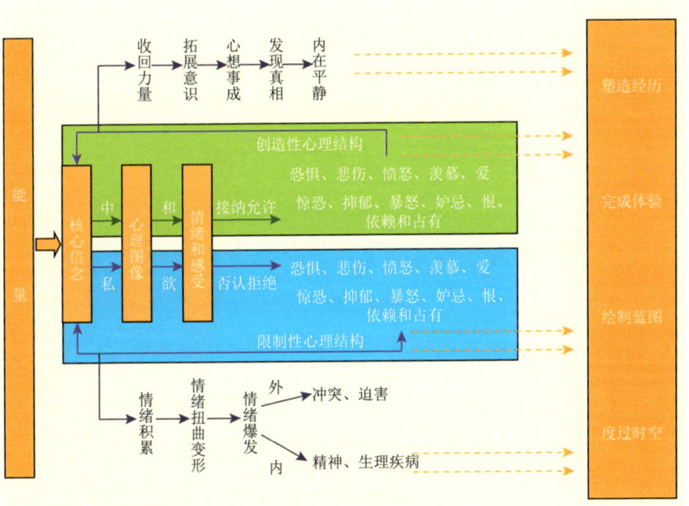

海凌人性图

“知善知恶是良知”。

知道就好，知道就好。知道所有私欲的呈现，知道在当下的这一课，你是在“中和”里，还是在“私欲”里，就够了。

[原文]

丁亥年九月，先生起，复征思田，将命行时，德洪与汝中论学。汝中举先生教言：“无善无恶是心之体，有善有恶是意之动，知善知恶是良知，为善去恶是格物。”

德洪曰："此意如何？"

汝中曰："此恐未是究竟话头。若说心体是无善无恶，意亦是无善无恶的意，知亦是无善无恶的知，物是无善无恶的物矣。若说意有善恶，毕竟心体还有善恶在。"

德洪曰："心体是天命之性，原是无善无恶的。但人有习心，意念上见有善恶在。格、致、诚、正、修，此正是复那性体功夫。若原无善恶，功夫亦不消说矣。"

是夕侍坐天泉桥，各举请正。

先生曰："我今将行，正要你们来讲破此意。二君之见，正好相资为用，不可各执一边。我这里接人，原有此二种。利根之人，直从本原上悟入，人心本体原是明莹无滞的，原是个未发之中。利根之人，一悟本体，即是功夫。人己内外，一齐俱透了。其次不免有习心在，本体受蔽，故且教在意念上实落为善去恶，功夫熟后，渣滓去得尽时，本体亦明尽了。汝中之见，是我这里接利根人的；德洪之见，是我这里为其次立法的。二君相取为用，则中人上下皆可引入于道。若各执一边，眼前便有失人，便于道体各有未尽。"既而曰："已后与朋友讲学，切不可失了我的宗旨。无善无恶是心之体，有善有恶是意之动，知善知恶是良知，为善去恶是格物。只依我这话头随人指点，自没病痛，此原是彻上彻下功夫。利根之人，世亦难过。本体功夫一悟尽透，此颜子、明道所不敢承当，岂可轻易望人？人有习心，不教他在良知上实用为善去恶功夫，只去悬空想个本体，一切事为俱不着实，不过养成一个虚寂。此个病痛不是小小，不可不早说破。"

是日德洪、汝中俱有省。

［译文］

明嘉靖六年（公元1527年）9月，先生被朝廷起用，第二次讨伐思恩（今广西武鸣县北）和田州（今广西田阳县北）。即将启程时，钱德洪和王汝中探讨学问。汝中据引先生的话说："无善无恶是心之体，有善有恶是意之动，知善知恶是良知，为善去恶是格物。"

德洪说："你认为这几句话怎样？"

汝中说："这几句话大概还没有说完全。若说心体是无善无恶的，那么，意也是无善无恶的意，知也是无善无恶的知，物也是无善无恶的物。若认为意有善恶，在心体上终究还有善恶存在。"

德洪说："心体是天命之性，原本是无善无恶的。但是，人有受到沾染的心，在意念上就有善恶。格物、致知、诚心、正意、修身，其正是要恢复那性体的功夫。若意本无善恶，那么，功夫也就不消再说了。"

这天夜晚，德洪和汝中在天泉桥陪先生坐，各人谈了自己的见解，特向先生请教。

先生说："如今，我将要远征，正想给你们来说破这一点。两位的见解，恰好可以互为补充，不可偏执一方。我开导人的技巧，原本有两种：资质特高的人，让他直接从本源上体悟。人心原本是晶莹无滞的，原本是一个未发之中。资质特高的人，只要稍悟本体，也就是功夫了。他人和自我、内和外一切都透彻了。另外一种人，资质较差，心不免受到沾染，本体遭蒙蔽，因此就教导他从意念上实实在在为善除恶，待功夫纯熟后，污秽彻底荡涤，本体也就明净了。汝中的见解，是我用来开导资质特高的人；德洪的见解，是我用来教导资质较差的人使用的方法。两位若互为补充借用，那么，资质居中的人都可被导入坦途。若两位各执一词，在你们面前就会有人不能步入正轨，就不能穷尽道体。”

先生接着说：“今后和朋友讲学，千万不可抛弃我的宗旨。无善无恶是心之体，有善有恶是意之动，知善知恶是良知，为善去恶是格物。只要根据我的话因人施教，自然不会出问题。这原本是上下贯通的功夫。资质特高的人，世上很难发现。对本体功夫一悟全透，就是颜回、程颢这样的人也不敢妄自尊大，岂敢随便指望他人？人有受到污染的心，若不教导他在良知上切实用为善除恶的功夫，只去悬空思索一个本体，所有事都不切实加以处理，这只不过是修养成了一个虚空静寂的坏毛病。这个毛病不是小事情，所以，我不能不提前向你们讲清楚。”

这一天，钱德洪和王汝中都有所得。

阳明先生说这段话的时候，正在准备他生命中的最后一次出征。这时候阳明先生的威望到了什么程度？思恩、田州的起义首领卢苏、王受，十分害怕阳明先生，阳明先生一到他们就直接投降了。阳明先生说得很清楚，人世间是有两种人的：一种，利根之人，此种人本来已经生活在爱里，不用费太大功夫，你只需要提醒他那本源就已经具足的爱，这种人就能够一体全悟，一悟全透；另一种人，世人十之八九，是生活在二元化的思维里的，是需要在生活的细微处，去深刻体悟的，要实实落落依着他做去的，是要一个私欲、一个私欲去觉察的，要去知，要去勇敢地看的，除此之外，别无他途。

而且，最难最难的部分，是看到那“私欲”，觉察到那“私欲”的所在。我们的生活中，“去私欲”最难的部分，是找到自己早先不敢面对，拒绝和否认的那些情绪，找到自己不能够“实实落落依着他做去”的部分，这个部分的发现，有时候，需要我们拿出一份超越生死的勇气，才有可能发现和面对。

举个简单的例子，我们有时候回到家里，觉得很累，如果这时候您再发现孩子坐在电脑前打游戏，作业都没有动一笔，你差不多就要火冒三丈了。这种时候，仿佛是我们最有道理发火的时候，我们一天的情绪郁积到傍晚，一天在办公室不顺心的事，已经让你忍无可忍，然后，孩子的“错误”行为，正好触发了你忍耐的极限。

这时候，怎么“知善知恶”？

如果有类似的情况发生，我还真的不忍心告诉您，其实您根本不知道“善”“恶”的面目是什么样的。

记得阳明先生那朵花吗?

那朵花在阳明先生内在的心理图像，决定了阳明先生创造的花的情况，或者说，那朵花在阳明先生内在的心理图像，直接影响了阳明先生对这朵花的感受，对不对?

那影响孩子学习的真相是什么呢?

在孩子的内在，也有着一幅关于“学习”的心理图像。有的孩子的内在心理图像是“我要学”，谁都别拦着我，我自己必须学习，没弄懂的题，我必须弄明白，有点空闲，我得背背英语单词，一说要加晚自习，高兴得不得了，终于可以专心利用晚上的时间来学习了！这样的孩子的内在，他关于“学习”的心理图像是“学习让我快乐”，他们善于应对挑战，从失败中学习，喜欢探索新事物，拥抱变化，认为凡事皆有可能，总是在寻找机会，认为学习是终生的事业，并身体力行。

自然而然地，您根本不用担心他的学习，甚至有时候，您还得让他“悠着点”，注意休息。这就是“良知”的状态、“善”的形式在一个孩子学习时，自然会呈现的状态。再强调一遍，这是一个自然状态。

还有一种心理图像叫作“要我学”，这种状态下的孩子，顾名思义，他思考学习这个问题时，内在的心理图像是“爸爸妈妈要求我学习，所以我才学”。

为谁学习？为爸妈。

学好了谁受益？我爸妈。

很自然，能够不学的时候，他肯定就不学了。能多玩儿一会儿，孩子肯定就不会学习去。孩子学习的时候，得有人盯着，一个盯不住，就开小差了；每天晚上为了孩子的作业，家里都得上演一番斗智斗勇的宫斗戏，甚至偶尔还得来个全武行。这样的孩子，不难理解他们为什么总是在规避挑战，痛恨变化，老是关注别人对自己的限制，认为自己在改变现状上无能为力，不接受批评，经常会认为努力也是无用功，毕业之后，再也不愿意学习新知识。

这就是“私欲”的状态，“恶”的形式在一个孩子学习时，自然会呈现的状态。再强调一遍，这不是一个自然状态，这是一个“小蛇咬尾巴”的漩涡，所有置身其中的人，都很难感受到成就感和快乐。

甚至，还有几种心理图像，叫作“我学不会”“我不学”，或者叫作“打死我都不学”，内在已经形成了这样的心理图像的孩子，是最让人心疼的一批孩子。他们有的困在了家里，无法走进学校；有的沉溺于“电子游戏”，成为了网瘾一族；有的一提起学习就晕头转向，人是坐在课堂上，可是什么都听不进去。这更是“私欲”的状态，是“恶”的形式在一个孩子学习时，会呈现的状态。再强调一遍，这不是一个自然状态，就像人性图中所呈现的一样，小蛇咬尾巴的结构，已经完成了累积、压抑、变形，甚至爆发的过程，您的孩子，已经无可奈何地放弃了学习的乐趣。

决定孩子学习状态的，是孩子内在关于“学习”的心理图像。和打不打“电子游戏”，一毛钱关系也没有。我不知道自己说清楚了没有？

而这部分知识，如果您在看到这本书之前，完全不了解，还是陷在和孩子的“不良学习习惯”斗争的怪圈里，真的是“不知善不知恶”的状态，同时对自己的“不知善不知恶”，完全没有一点概念啊！

[今日功课]

问题一：您是如何看待生活中的挫折的？

问题二：您是如何看待别人指出您的不足的？

问题三：您总能买得起自己喜欢的东西吗？

问题四：您习惯于待在舒适区还是喜欢适度冒险？

问题五：是否有人在限制您能力的发挥？

问题六：您怎么看待生活中发生意料之外的变化？

问题七：您是否有能力改变现在的生活？

问题八：是的，您已经看出来了，我是在陪伴您看到自己关于“人生”的心理图像，最后这个问题我替您回答，只要您在认真进行本书的练习，您就会是一个“终身学习者”。而且，您的心理图像，孩子基本上也会原样复制，是的。

第三十三课　为善去恶是格物

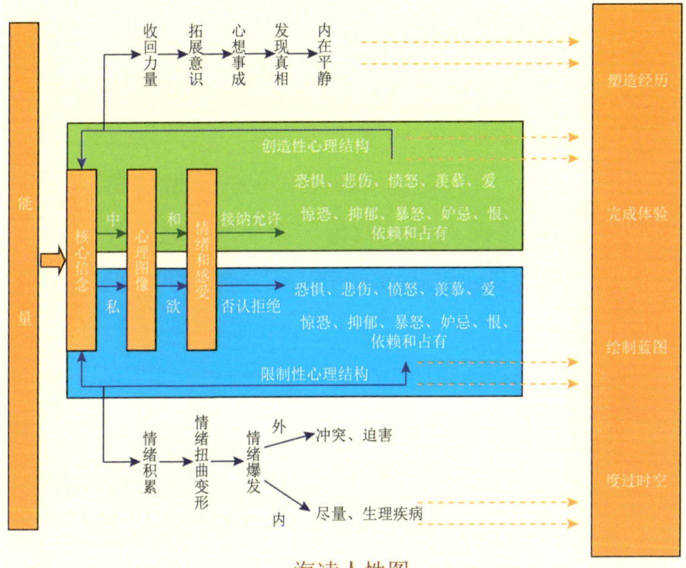

海凌人性图

这句话是最容易引起我们误会的。

“去恶”的“去”很容易理解为一个动词，一个像切除癌瘤一样，将我们的“私欲”割掉的动词。“去恶”的“去”确实又是一个动词，只是这个“去”，是一个过程。一个我们不带着任何“去除”之意的“接纳和允许”之后，一个自然而然呈现的结果。“去”这个结果，是要不来的，在“私欲”的圈子里打转，是要不来“中和”的结果的。只有进入“接纳和允许”，不再对抗，发现、甚至成为我们一直拒绝和否认的部分，实实落落依着他做去，把我们拒绝和否认的部分，在我们面前呈现出来，我们才有可能跳出那“私欲”的怪圈。

这也是阳明心学日常实修一直最为人难以理解、难以操作的部分。一旦“去”了，想要割除，想要掩盖，想要压抑下去，如果这样做，我们是在“接纳允许”还是在“否定拒绝”？很容易就可以看到，我们还是在“私欲”的圈子里打转。当我们压抑我们的欲望，当我们试图掩盖我们对父母的不敬之意，当我们试图以最完美的标准呈现我们自己的行为，恰恰是进入了“私欲”的怪圈，通常我们自己还不知道，我们认为我们是“中和”了，因为我们的表现堪称“完美”啊！

为了更好地理解阳明先生是如何“为善去恶”的，下面，我给您分享一个阳明先生自修的实录：

这个案例是在度阴山先生的《四句话读懂阳明心学〈知行合一王阳明 2〉》这本书里的。我觉得这个案例太好了，我在读《传习录》，读《王文正公全集》的时候，都没有注意到这个案例。度阴山先生确实是非常细致的，把这个案例作为他的心学教科书里的第一个案例。非常经典。

故事是这样的：初春时节，到处郁郁葱葱，心学大师王阳明就在这生机盎然的天地间，为他的弟子们讲解心学。这是阳明先生的一个日常状态。他在打仗的时候，讲阳明心学；休息的时候，讲阳明心学；归省的时候，讲阳明心学。就是说阳明先生无论是做着官、打着仗、回到家里都在讲阳明心学。他正讲得津津有味的时候，有一个老农来求见，老农不是来听课的，是想和他做一笔买卖。

这个老农说，我最近家里财政状况不好，很多地方需要现金，可是呢，我没有现金，所以决定将自己的一块田地卖给阳明先生，王阳明当场就拒绝了他。

阳明先生是怎么说的呢？他说："君子应该成人之美，不可趁火打劫。你是农夫，田地是你生存之本，我若买了你的地，你是手里有了现金，这个近渴是解决了，你是能解了近忧，可将来怎么办呢？"

阳明先生还做了一个决定，借给老农所需要的资金，还款日期不限。老农感激涕零，拿着钱千恩万谢地走了。

故事讲到这里，大家可以看出一个很浅显的道理，或者说一个很明显的事实：阳明先生的心学不只是说出来的，他是在生活的点点滴滴、日日夜夜、大事小情中都落实着一个状态，一个致良知、一个做大人、一个以自己的明德与人交往的状态。

同样，如果这个故事到此为止，那就成了小故事大道理——道德版，所以，必有下文。下文就是：

过了几天，阳明先生和弟子们到山水间游玩，在一块风景如画之地，王阳明看见山凹处一块田地，不禁由衷地赞叹道："快、快，你们看，你们看，那里面山背水，远看如菩萨莲花宝座，实在是风水宝地呀。"

有弟子试探性地问道："老师，您喜欢这块田地？"王阳明眉飞色舞，估计小胡子都会跟着翘动一下，"怎能不喜欢？良知能知善恶，它告诉我这就是善的，我真是如好好色一样地的喜欢这块田地。"随即，王阳明脸上呈现出遗憾的神情，可惜它不是我的。

阳明先生自然是风水大师，因为风水实际上和能量运行是一体的。在阳明先生感慨可惜它不是我的时，这个弟子又笑着说：“它理应是您的，只是您舍了。”王阳明迷惑地看着这个弟子，弟子解释道：“这块田地就是几天前来和您做买卖的老农的，他当初要卖给您的，就是这块地。”

阳明先生“哎哟”了一声，人人都能听出他语气里的懊悔。可是，这“哎哟”一声话音未落，王阳明马上扼腕顿足，说道：“我怎么会有这种想法？”众弟子茫然。

接下来发生了什么？他们本来是在游山玩水，洒脱自在地在山间游玩。阳明先生却找了个地方坐下来，将双眼闭起来，静如枯木，许久才睁开眼。看到弟子们丈二和尚摸不着头脑的神态，他缓缓说道：“我刚才的想法就是私欲啊，值得欣喜的是总算被我克掉了。”众弟子恍然大悟。

接下来我觉得可借鉴的是，度阴山先生自然而然地引入了阳明先生的四句教：“无善无恶心之体，有善有恶意之动，知善知恶是良知，为善去恶是格物。”

这个故事和四句教有什么关系呢？

当阳明先生和弟子们在山水间游玩时，他的心坦坦荡荡、无牵无挂，是无善无恶的，这就是四句教第一句，“无善无恶心之体”。可当他听到关于那片田地的所有信息，接下并产生懊悔之情时，就说明他的意动了，这就是四句教第二句，“有善有恶意之动”。

那么这个意是对是错呢？他扼腕顿足，说出来我怎么会有这种想法？怎么会内在升起这份懊悔之心？这个懊悔之心后面藏着的是什么呢？说明他还是有失去了这块土地所有权的遗憾。阳明先生认出来这是一个私欲。

他做大人的部分坦坦荡荡，视万物为一体，视天下为一体，那么这个老农，向他伸手求援的这个老农，要拿土地换他金钱的老农，跟他同样是一体，他感受老农之缺犹如自己之缺。所以，将自己的钱拿出来，毫不犹豫地借给了老农，并不规定还款日期。这是大人所为。

很自然与之相对应的，没能拥有这片田地而产生的那个懊悔之情，很容易被认出来是私欲，是不是？所以这个四句教的第三句：“知善知恶是良知”。

他一旦知道这是一个私欲之后，马上静坐，克掉了这个私欲里的意，为善而去恶。最后他如释重负。这就是四句教最后一句，“为善去恶是格物”。

度阴山先生已经对《阳明心学》解释得非常透彻了，但还是没有告诉我们阳明先生静坐的时候发生了什么。现在我就结合人性图，结合阳明先生自己静坐的过程，跟大家说一说阳明先生是怎么克掉这个私欲的。他静坐过程中的内在心路历程是什么样的？

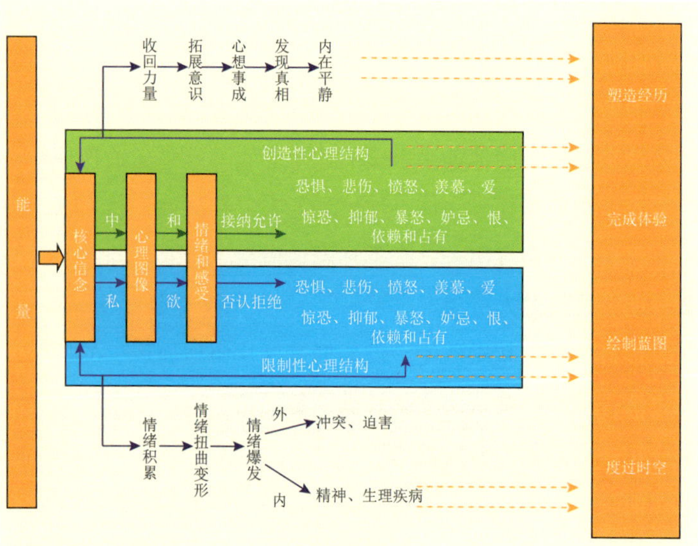

海凌人性图

大家还记得人性图中情绪和感受那一个色块吗？左边有两个输入：一个是“致中和”的信念，一个是“私欲”的信念。右边有两个输出：一个是允许和接纳，一个是拒绝和否认。

允许和接纳自然带着我们，允许情绪走完时，实实落落依着他做去，塑造经历，创造体验，完成历程，并回归平静。而那拒绝和否认继续形成小蛇咬尾巴的过程，继续回到前面的私欲。

在继续深入下面的内容之前，我想和大家稍微分享一下这个“私欲”。

从阳明先生刚才的这一段话里，我们起码可以看到以下几个事实：第一，阳明先生自己也有做大人和私欲冒头的时刻。那么这就自然带出了第二，私欲是有它的休眠期和它的发作期的。当我们的私欲休眠的时候，我们真的是可以坦坦荡荡的，每个人都可以唤醒自己内在的良知，成为乐善好施、助人为乐的大人，以天下为一体。

也有很极端的情况，就是私欲长期发作，而私欲长期发作的人是非常痛苦的。我们看一看抑郁症的患者，看一看焦虑症的患者，看一看强迫症的患者，我们就会知道，抑郁症的患者，他的私欲是非常活跃的，那个私欲活跃的程度，经常控制着他，让他无力向外去做什么，或者说向外散发的也是自己的痛苦。

而通常我们每个人的私欲，都有它的休眠期和活跃期，私欲一般会被什么样的事件激发呢？私欲一般会在什么时候被激发呢？有时候你会在碰到一件事情之后暴跳如雷或者内在掀起万千感受，或者一和人争吵的时候，越是与亲近之人争吵，你的私欲越是发作得更加透彻和激烈。在阳明先生这一个小故事里，私欲的发作很简单，就是一声“哎哟”和那一份懊悔之意。

第三，我们看这张图中情绪和感受的输入输出。情绪和感受那一个色块左边，不论是“致中和”的信念还是“私欲”的信念所激发起来的情绪和感受，都可以出现被接纳、被允许和被拒绝、被否认的情况。中和的情绪被允许、被接纳这个很好理解，云丧致乎哀，如当我们失去一位至亲的时候我们会伤心，我们会悲痛，这是这一条，第一输入和第一输出之间的关系。

而第一输入和第二输出之间的关系什么时候体现呢？就是，本来是一份中和的情绪，可是我们拒绝和否认它一般出现在什么时候呢？经常出现在我们小时候。我记得有一次在饭店里吃饭，看到一对夫妻带着一儿一女一起来吃饭。女儿有五六岁，儿子可能只有一二岁。在吃饭的过程中，爸爸、妈妈的注意力基本上都在弟弟身上，照顾弟弟吃，给弟弟喂饭，因为他小，自己还吃不了。

本来一家人挺开心的，可能是父母这种对弟弟持续不停地关心和照顾，让女孩感到被忽视了，于是女孩就走过去在弟弟的背上“啪”地打了一下。那爸爸、妈妈肯定不乐意呀，转头就说，你怎么回事啊，你怎么能够打弟弟呢？态度很凶。女孩也没哭，她走到饭店的墙边，开始用脚尖一下一下地踢饭店的踢脚线。

我在旁边看得很清楚，就是女孩因为被忽视，希望引起父母的注意。愤怒是什么？正常的愤怒就是一句话，“请停止”。实际上女孩想说的话是：“爸爸、妈妈你们别管弟弟了，来看看我。”可是这份愤怒并没有被父母接纳，她这份愤怒明显地、立马地、坚决地被父母拒绝和否认掉了。她这个愤怒没有走完，她没有说自己愤怒什么，只是走到墙边开始“啪、啪”地继续踢踢脚线。

这下子爸爸注意到了，一把把她从墙边拉开，举着手要打她，说：“这是饭店的东西，你踢坏了我要赔的。”这时候女孩的表情就变了，身体动作也发生了变化，她把两只手紧紧地攥了起来，显然她对父亲这一刻是充满了愤怒的，可是她那么小。我想她可能不是没有尝试过去伸手，只是每次都以可耻的失败而告终。所以，这一刻她只是把拳头攥了起来。然后爸爸要求她好好坐在椅子上吃饭。

我就坐在旁边，眼睁睁地看着一个小孩子，她的情绪在被否认和拒绝之后，她把它强忍在了心里。这样的行为是会在感受层面留下痕迹的，这样的行为就是小蛇咬尾巴的开始。小姑娘的这次情绪体验，就是她的小蛇咬尾巴的情绪体验的一次小循环。

私欲发作的过程中，每一次发作，如果不能走到上面被接受的这个过程，那么它就在小蛇咬尾巴的循环又循环一次，然后又休眠，直到下一次父母又完全忽视她而照顾弟弟的时候，她的那种愤怒又会发作，而自然地，会被她父母再拒绝否认一次。就这么一次次、一次次地，那个小蛇咬尾巴的循环，那个情绪的累积，越来越多。

每一个事件都会在情绪和感受里，甚至是在身体里留下一抹痕迹。那么可能等女孩长大之后，她就会对弟弟没感情，两人怎么也亲近不起来。这个愤怒，这个小蛇咬尾巴一样累积起来的愤怒，生生隔开了姐弟之情。

这就是第一输入，本来是一份“致中和”的情绪，当遭遇到第二输出被拒绝和否认之后，自然走入下面的小蛇咬尾巴的这个过程。那么“第一输入”“被允许被接纳”会自然走完，“第一输入”被拒绝和否认之后就变成小蛇咬尾巴。

我们下面再来看“第二输入”。“第二输入”就是“私欲”的，如果等到青春期的时候，这个小姑娘十三四岁，弟弟八九岁。在小姑娘的内在里面已经有了一个核心信念叫作什么？爸爸、妈妈只喜欢弟弟，不喜欢我，所有的好东西他们都会优先给弟弟。

那么，一种可能性就是女孩开始决定，自己的生活必须只能靠自己，我迟早是要离开这个家的。那我就要自己给自己早做打算，这样的情况下女孩就很容易开始早恋。

所有早恋的孩子，通常是家庭温暖缺失的孩子。在家里的温暖不够的时候，她自然就会去向外寻找，这没有任何可指责的。不要认为孩子不明白什么年纪应该开始恋爱，也不要认为孩子就是不负责任，不懂责任为何物，她懂的！每个孩子都懂，只是早恋中的那份温暖和亲密太诱人了。

那么自然地，一个很小就开始早恋的孩子，很难处理好爱情的几个方面：激情、亲密和责任。这三个方面一旦失衡，她的恋爱就会失败。不过就是在“早恋”这个“私欲”的情绪和感受的“第二输入”出来之后，又顺着“第二输出”走了。因为恋爱失败，她会认为自己确实不行，不值得被人爱。

“第一输入”有两个输出，“致中和”的情绪可以被接纳、被承认，也可以被拒绝、被否认了吧。“第二输入”私欲的核心信念激起的情绪，同样可以是第一输出被接纳、被允许，和“第二输出”被拒绝和被否认。

在我们的人生过程中，我们经常是三种情况，“第一输入”然后“第一输出”；“第一输入”然后“第二输出”；“第二输入”然后“第二输出”。什么是修行？修行最难理解的部分在哪里？就在第四种情况，“第二输入”进入到“第一输出”。就是我们的私欲的信念，激起的情绪和感受，我们同样允许和接纳，并实实落落依着他做去。

很难理解是不是？我们怎么能接纳我们的私欲呢？可事实就是，如果我们继续否认和拒绝它，我们只是在小蛇咬尾巴。那如何去接纳我们的私欲呢？

阳明先生在游山玩水的时候，发现了一块本来可以是自己的、很好的田地的时候，“哎呦”出来一份懊悔之意，这是一份很切实的感受，一份真实得不能再真实的感受。他都发声了，

“哎哟”。下面我跟您说说，阳明先生接下来做的六件事。

第一件事，阳明先生做了什么？就是什么也不做，他止住了他自己，看到没有？他带着弟子畅游于山水之间，“哦”，一个懊悔之心一旦出现，一个懊悔的情绪一旦出现，他做的第一件事就是停止。他坐了下来，闭上双眼开始静坐。

为什么要开始静坐？我们成人，13 岁以上的成人只要睁开眼睛脑波就是β波，我们睡觉是θ、δ脑波，我们清醒时是β脑波，在中间有一个α脑波，α脑波是如果我们自己不去寻求，它一般不会在醒着的时候出现的脑波。当然我们也有一些时刻在α脑波里，我可以给大家举个例子：

我们和恋人刚刚开始热恋的时候，时间过得快不快？我们在课上认真听老师讲课，哇！觉得甘之如饴的那一个瞬间，一节课像十分钟一样就过去了。还有，我们看到了一本特别喜欢的书，哗哗哗地就开始看，根本没有觉察到时间的流逝，这本书就看完了，三个小时像一个小时一样就过去的时刻，这些都是α脑波状态。静坐是到达α脑波的一个非常快捷的方式。所有的疗愈都发生在α脑波状态。

如果没有α脑波的出现，我们只是在脑子里将这件事翻来覆去地想，而α脑波一出现，一个典型性的标志就是，我们不再跟着我们的思绪去跑了，我们不再跟着我们念头去跑了，还会出现思绪和念头飘起来，可是我们不再受控于它，我们进入了我们的感受层面。

阳明先生也不例外，他知道当一个私欲发作的瞬间，脑波一定是高的。我了解阳明先生就是在游山玩水时，经常都是α脑波时隐时现。可在私欲发生的瞬间，一定是β脑波，一定是高脑波。所以第一件事情，就是“止”。

坐下来，静坐下来，不再去用脑子想，哎呀，我当时该不该借钱给他，我当时把这块地签下来就好了，我这么做是不是对的。哦，我不签是对的，我签是对的，不再跟着这些思绪跑了。

静静地坐下来，开始静坐。这是第一步，甚至也是最重要的一步。多少人在冲突的当下，多少人在痛苦发作的时候，多少人在私欲活跃期的时候，只能继续思考，继续冲突，完全静不下来。看，阳明先生并没有做别的事。第一件，就是止住，开始静坐。

第二件事，在他“哎哟”那一声发作的时候，什么东西是最活生生的？冒头的那个私欲，那个懊悔之感受，是活生生的，就在跟前，为什么要赶紧坐，因为没准过一会儿，这个私欲又休眠了，对不对？阳明先生一定是私欲休眠的时候多呀，偶尔有一星半点，还不得赶紧抓住呀！赶紧抓住那个活生生的懊悔之意，开始“观”。观这个懊悔之意。观这个懊悔之意在身体的什么部位，观这个懊悔之意在身体的哪个角落，它以一种什么样的形式展现？是一小块，还是一大片？是一块石头，还是一片乌云？

将情绪和感受，当成和这个物质世界一般无二的存在体，它存在于一个我们看不见、摸不着的实相里，因为情绪和感受同样真真切切地存在着。观这个情绪体，观这个懊悔之意，在哪里？它体现在身体的哪个部位，发生在外界的都是结果了，那原因一定在内在，对不对？

第三步，继续往里看。或者修行的时间长了，你也可以跳过第二步，直接进入第三步。是什么样的一个意，一个私欲之意，激起了我这个懊悔之意，这个懊悔之意肯定不在外在，对不对？这个我应该拥有这片田地，因为这片田地是如此的美好，让阳明先生产生了懊悔之意。这份“失去的感受”肯定不在外在，它一定是在内在。

这个时候最关键的一步就来了，激起这份懊悔之意，一定是这样的一个信念，“我真正喜欢的东西，我就应该拥有，我如‘好好色’一般喜欢的东西我就应该拥有，错过很可惜”。必须要有这样的核心信念，才有可能创造出失去时的“哎哟”那份懊悔之意。这是一种可能性，阳明先生私欲的这份懊悔之意的内在结构，也有可能是别的样子，也可能是我不该那么大方，也可能是我失去了一份将来很好的墓地，这些都有可能，但最关键的一步在哪儿？在于向内寻找，寻找这份懊悔之意之下的核心信念。是什么激起了这份懊悔之意？

我们取其中的一种可能性，就是“美好的东西我就应该拥有”，并进入第四步。

懊悔之意就是“应该拥有”，哦，“美好的东西就该拥有”，这是一个良知，还是一个私欲？我们顺着这个思路走，我应该拥有这片土地，这是一个中和的信念还是一个私欲的信念？这是一个善还是一个恶？很难分辨，是不是？但在阳明先生的心中了了分明，“这是一份私欲”。为什么？因为所有的外相均由内心透过核心信念创造出来，如喷涌的泉水，就算这块土地，也是阳明先生这一刻由自己的内在信念创造出来的，所以，拥有这个词，就是一个幻相。

阳明先生内在了了分明地认出，“我应该有这个遗憾”，“我应该拥有这片土地”，是私欲之后，做了什么？在这个“第二输入”，私欲的这个信念进来之后，允许和接纳并实实落落依着他做去。

大家注意到刚才的故事里还有一句话，“阳明先生在那儿坐了良久”，也就是坐了一段时间，用了“良久”这个词，最少有 20 ~ 30 分钟吧，其实这是很重要的第四步。周围的弟子，看样子跟他的时间还短，还真不知道发生了什么，因为这个允许和接纳的过程，绝对不是我头脑里想着，“懊悔是不对的，我应该做大人，我应该把一切分享出去”，这么简单。这不是在 β 波的状态下，把脑子里的思想一换就完了，那用不了一会儿，对不对？阳明先生坐了良久，发生的，不是否定自己的想法这么简单的事情。

实实落落依着他做去，是追随着，那个我喜欢的东西就应该拥有，哪怕就重复这句话：我失去了我本来可以拥有的东西，我失去了一个美好的东西，我失去了一个美好的东西，我失去了一个美好的东西，失去了一个美好的东西，一直到什么时候？

一直到阳明先生眼前开始出现，我失去了美好的东西，我应该遗憾，那个信念产生的时刻，就像那个长大成人的小姐姐，开始意识到自己对弟弟的不由自主的抗拒是一种私欲之后，她面对的是，我不喜欢我弟弟，我不喜欢我弟弟，她一遍遍地接纳这个私欲的部分，一直到她看到一个画面：很小很小的时候，妈妈只管弟弟，不管她，并将当时的那个愤怒走完，陪伴那个小小的女孩，在墙角踢墙角线的那个小姑娘，让她一脚一脚地踢完，并且很正向地转过身来对父母表达她的诉求：爸爸妈妈请停止这样做，我也是你们的孩子，你们也来看看我。

阳明先生是一直回到，“美好的东西我一定要拥有”，这个私欲产生的最初的时刻，那个感受最初的时刻，并允许实实落落依着他做去，陪伴他走完。所以在那儿坐了二三十分钟，至少在自己的这一世里来回转了好几圈。以阳明先生的功力，没准在平行世界、在转世剧里面，转了好几圈，哪个点上，看到了什么画面都有可能。其中很有可能的一个情况是，小时候的阳明先生有着自己很喜欢的玩具，而在某个时刻，大人没有经过他允许，就夺走了这个玩具，同时，不允许阳明先生表达自己的悲伤。通常的情况是，会产生“拥有”这个概念，是因为体会过失去的痛苦。

体会过这份当时没有深刻体会的痛苦之后，阳明先生的情绪，实实落落地，走完了。这是第四步，最关键的部分在哪里？第四步最关键的部分是“第二输出”转入“第一输入”的过程中，即允许原来的私欲充分地表达和走完，同时，保持着允许和接纳。

保持一份清明旁观着，允许这一切，允许那私欲中裹含着的痛苦，全然地呈现它自己，走完，然后保持全然的允许和接纳。

走完就完了吗？有时一次走不完需要多次走，一直走到什么时候？一直走到第五步，看清楚那私欲之下仍然是无尽的爱！看清楚那痛苦之下，仍然是自己对父母的爱。

阳明先生个人化的部分中，喜欢的东西就必须拥有，实际上在他的成长历程中是体现得蛮淋漓尽致的。从小小的年纪，基本上阳明先生的父亲和爷爷对于他的教导就是截然不同的态度。父亲希望他走一条读书、应试这样一个常规路线。他自己不是，他在父亲这里，从小就带着一份叛逆，是爷爷王伦对他比较支持，对他的很多事情采取了一种相对支持和纵容的态度。他喜欢佛教、道教的时候，他就会充分地融进去，在里面使劲地学习，学习朱熹先生的理学的时候，他就可以淋漓尽致地去格竹子；喜欢舞枪弄棒时候，就带着小朋友拿着旗子来回地跑，来回地玩，还排兵布阵。就是他做他喜欢的事情的时候，基本上是不太在意别人的眼神的。

回看阳明先生的成长历程，他一直是坚持做自己，他喜欢的事情他一定要做到，他喜欢的东西一定要拥有，他喜欢的事情一定要琢磨透，一直琢磨到他自己放下为止。看到这种模式了吗？

一方面，这种喜欢的东西一定要拥有的信念是支持了阳明先生的。使得他一旦树立了什么志向，比如树立了做圣贤的这个志向之后，所有的事情就围绕着这个核心主题不停地去做，不停地去做，谁说都没有用，他一定按他既定的路走。

喜欢的东西一定要拥有，这个私欲之力是如此之大，在他已然龙场悟道之后，已然洞见生命本质之后，还会时不时地冒一下头，喜欢的东西一定要拥有，他刚才说的这个面山背水坐莲花是最好的墓地。阳明先生在想什么？想的是荫及子孙，这是非常人性化的部分，这是良知的部分。所以当他发现这个事情，对他重要到这个程度的时候，当他发现本来已经拥有的那块山水，拥有不了的时候，他会“哎呦”，懊悔之心油然而生。

而这份私欲一旦冒头，阳明先生就看到了，他开始静坐，开始进入“喜欢的东西就要拥有”这个私欲里去深深地体悟。他很可能在这里回看了他的一生，回看了他成为一个心学大师，看到他成为一个圣人的过程中的所有经历，也可能看到一次小小的失去自己的玩具的悲伤。正是“喜欢了就要拥有”这个信念，令他一次次的狂热地投入对圣贤人格的追求中，对心学执着的追求中并取得了最后的胜利。可同样，现在他已经不需要这种状态了，他已经自在而安适了，没有什么是他一定要拥有的部分了。

第五步：这个私欲的模式惯性很大，又冒了下头，OK，阳明先生立马来看。而他一旦看清这一生喜欢的就要拥有，这个行为模式、这个心理结构给他带来的一系列的好处，哦，他心中涌起的是什么？对喜欢了就要拥有这个模式无尽的赞赏和感激。而且这时候第五步做到这里，阳明先生可以由衷地对喜欢了就要拥有这个模式说：感谢你的一路陪伴，感谢这份喜欢了就要拥有使我变得如此执着，踏上追求心学、追求圣贤人格之路，并走到了今天这一步。在今天的这一刻我已了悟，本性具足。所以我带着祝福请你离开，我不再需要。这是内在涌出的无尽的赞赏和爱意，自然将喜欢了就要拥有的那份私欲，融化得干干净净。

第五步是要看到那私欲，那痛苦，甚至是那拒绝和否认本身之下，仍旧是无尽的爱。

到这时第六步就来了。第六步是纯然的赞赏和感激，分三个层次。

第一层，赞赏和感激事件所有的相关方，包括那老农，包括弟子，包括那山，包括那水，包括那太阳，包括那风。赞赏和感激所有参与事件的相关方，正是大家所有的相关配合，你才有了一次“诚意致知”的过程。

赞赏和感激第二层，赞赏自己，在私欲冒头的那一瞬间，做了诚意致知的选择，做了扬善去恶的选择，做了致良知的选择。

先止而后安，而后静，而后虑，而后得，实实落落依着他做去，因为心外无物、心外无理，事变皆在人情里。格物即是格事，了悟知行本为合一。

第三，赞赏和感激自己创造了这一切，这整个的过程，这整个的事件。

“心”总会创造出最恰当的生活境遇来与我们的修行相配合，来配合我们诚意致知的需要。

对于内在自我创造的这一切，这整个——或者简单或者复杂，而不论简单或复杂，都是精妙无比的创造的过程，创造的一切，表达最最真切的赞赏和感激，并将这力量收回我们自身。

阳明先生正是在这样的一个过程里，完成了为善去恶的过程，正是在觉察私欲，“第二输入”，这个私欲是在头脑觉察到之前就冒出来的，对不对？头脑一旦觉察到就有了选择，给了它“第一输出”，保持全然的觉察，并允许它、依着它、走完它的生命历程，觉察那情绪感受之下的核心信念，继续向内看。

阳明先生从头到尾只做了一件事：向内看。那二三十分钟的良久静坐，等阳明先生再睁开眼时，又是本性具足的大人状态。

这就是想和大家分享的六个步骤。

生活中的事件，修行过程，诚意致知的过程，采取静坐的法门，就按照这六个步骤去做就可以了。对应自己的内在，当下的世界，去听那原则、那态度，去悟那感受之真谛。

和阳明先生一样，抓住“私欲”出现的机会，做自己的功课，去自己的“私欲”。阳明心学的首要目的，就是使您开始觉知到您是其一部分的那个“内在本体”，“心”和“良知”，并清除掉阻止您认识自己潜能与自由的那些理性与迷信的心理结构——“私欲”，然后您或许能开始学习运用“自由”的许多方式，“随心所欲不逾矩”，这，就是“存天理、灭私欲”的精髓所在。

[今日功课]

复述阳明先生修习的六个步骤：

第四章

——人生三阶段，工、匠、师、圣

是的，我不识数。

阳明先生对于良知，有一段非常优美的描写，分享给大家。

“以良知之教涵泳之，觉其彻动彻静，彻昼彻夜，彻古彻今，彻生彻死，无非此物。不假纤毫思索，不得纤毫助长，亭亭当当，灵灵明明，触而应，感而通，无所不照，无所不觉，无所不达，千圣同途，万贤合辙。无他如神，此即为神；无他希天，此即为天；无他顺帝，此即为帝。本无不中，本无不公。终日酬酢，不见其有动；终日闲居，不见其有静。真乾坤之灵体，吾人之妙用也。”

这样的内容，我无意去转译成现代汉语，这是一个已经通晓了自己的本然状态的人，对自己所体悟到的状态的一个真实的描写。我喜欢将这段话读出来，读出声来，让自己听到，让自己知道的部分和不知道的部分同时听到。

就像阳明先生所说，不论是在生前还是死后，不论您是醒着还是做梦，您所见、所闻、所感的一切，都是由您创造的。内在的“心”，是您的知，这份知，无论是良知还是私欲，都在时时刻刻地支撑着您在人生舞台的演出，无知，哪来行，有行，必有知。知行合一，是因为知行本为一体，从未分割。知的部分是您的，行的部分也是您的。只是来到人间后，您的注意力完全为行的部分所吸引，完全地将注意力集中在和物质世界打交道的部分，忘记了您所来自的那片“知”之地，那片“心”之海。

阳明先生对“良知”的推崇到了无以复加的地步，他说：

“乾坤由吾在，安用他求为？千圣皆过影，良知乃吾师。”

他又说：“良知是造化的精灵。这些精灵，生天生地，成鬼成帝，皆从此出。”

他还说：

“良知学是千古圣贤将相相传的一点骨血，譬之如行舟得舵，平澜浅滩无不如意，虽遇巅风逆浪，舵柄在手，可免没溺之患。”

现在，是时候了，是时候由阳明先生，通过我，来告诉您那最终的真相。能量透过您，创造了一个属于您自己的独一无二的世界，在自己创造的这个世界里，我们可以尽情地享受创造的自主性，我们可以根据我们的需要，创造自己所处的时代、地理位置，甚至所成长的环境，所出生的家庭，甚至，在成长的过程中，我们大致会经历的重要事件和遇到的重要的人，也完全是在我们自己的创造和选择范围之内的。

这时候，您可能就要问了，我为什么要为自己创造这么艰苦的环境？我为什么要经历这么多的艰难困苦？难道这一切不是因为我上辈子犯了什么错，在这辈子要接受惩罚吗？

这些问题，很难回答。我可以轻松地告诉您，一切都是最好的安排，但这样的回答，对于深陷痛苦之中的人们，不过是隔靴搔痒，起不到什么作用。这些问题的最难回答之处不在于那答案的难以理解，而是，如何能让想知道答案的人，不仅是在头脑里知晓，同时，内心也有一个部分，受到实实在在的触动，并允许自己通过自己的切身感受去印证那答案。

想像一个乒乓球被扔向地面，普通的水泥地面，乒乓球在落地后，还会弹起，并再次落地，再次弹起，直到消耗完最初的动能，静静地停在地上的某个地方。乒乓球所经历过的轨迹，在空间中形成了一条跌宕起伏的曲线。而随着最初加之于乒乓球的力道的大小，乒乓球反弹起的高度和重复弹跳的次数，甚至它离开最早的落地点的距离，都会各不相同。请试着，将乒乓球看作我们的意识，在出生之初，我们所做的决定，就是加之于乒乓球上的力道和方向。

那些拥有着明显要悲惨于同时代的人的命运的灵魂，在最初选择加之于乒乓球的力道时，要猛烈一些。而自然地，这些灵魂在人世间所进行的意识的探索，也具有了更为宽广的范围。

这并不是一个很恰当的范例，只为说明意识所能探索的领域而设立。而很有趣的是，就像我们进入人间一样，我们的人生阶段，确实也是从像乒乓球落地一样的过程开始的。

第三十四课
夭寿不贰，修身以俟，工之境

在我们人生的第一阶段，那份“知”之地、那份“心”之海，运用其所有的创意和设计才能干了一件事，就是屏蔽您对“真正、完全的您”及您的本然状态的所有认识，并将您的注意力全部聚焦在这个三维空间的物质世界，尽可能地让您认为三维空间是真的。你形成了你自己个人化的“良知”和“私欲”呈现的方式。记得那条咬尾巴的小蛇吗，您渐渐地形成自己的限制性心理结构，需要强调的一点是，即便那些限制性的心理结构，在它们出现之初，也是为保证您的存活而出现的。

这不是一句玩笑，面对暴怒的父母，孩子如果不学会将自己的情绪压抑下去的话，等待他的将是更严厉的惩罚。面对一个经常吓唬自己的爷爷奶奶，孩子只能向内退缩，在自己的身上形成看不见的保护壳，才能免于去体验那一旦被妖魔鬼怪抓走，被吃掉的恐惧。这些限制性的心理结构，这些“私欲”在产生之初，也是为了让我们更好地存活下来而出现的。

随着您慢慢长大，这些限制性的心理结构在保护您的同时，也开始渐渐地限制和约束您，直到您完全相信您是一个宇宙间孤零零的存在，您是和“真正的您”完全相反的人。

阳明先生给这个阶段所做的描述是：“夭寿不贰，修身以俟”，是“困身勉行”事。这句话用今天的话来说，就是，不论自己的寿命是长是短，都是一个态度。什么态度呢？就是不论自己的寿命长短都不改变自己的态度，只是修身养性，以待天命。天命是什么？不知道。天命在哪里？不知道。这句话也出自《孟子·尽心上》，孟子对它的描述，也是特指的人不知天命的一个混沌状态，也就是我们所说的人生的第一阶段。

第一阶段中的人是什么状态呢？

阳明先生说得很清楚，“困身勉行”。

每看到这句话，我脑海中就会出现一幅场景：冬天，大雪，是那种超大的雪，下过之后，积雪有一米厚，人们为了生计，要在这样的天气外出，怎么走？能想像吧，您需要将自己的身体作为开路机器，左推一下，右推一下，每一步走出去，都会消耗极大的体力，走上一会儿，就得停一会儿，喘口气。这就是困身勉行。

这样的场景，有没有一些熟悉的感觉？人生就是苦；我们是宇宙中一粒微不足道的尘埃；这些都是第一阶段的最佳注脚。不这么想，无法“困身勉行”。

第一阶段的人的状态，是“工”之境。每日辛劳不已，规规矩矩地按照规则做事，静等命运的安排。在“工”之前，您很可能已经经历过了为“徒”之境，知道自己能力不足，自愿学习，十分努力地学习之后，您出师了，成为一个“工”。当然，还有可能是更让您觉得困顿的境地，“奴”之所，您干的工作并不是您所喜欢和自愿去做的，迫于生计，您不得不每日辛勤奔波，辛劳难忍的同时，您还会被别人监督，您处处小心，生怕出一个纰漏，就毁掉了得来不易的事业和饭碗。终于，您来到了“工”之境。

第一阶段的困境，在生活中也是随处可见，坚持自己内心的理想，很容易得罪领导，可按照生活潜规则去身体力行，又会觉得失去了心中很重要的一部分东西。挣钱少的，想多挣些，挣钱多的，怕失去，就算富可敌国了，也有一个“富不过三代”的信念，像紧箍咒那样在耳边回响。把时间都用在工作上，会忽略家庭，天天下班按时回家的男人，又很难解决一些诸如“把孩子送进最好的学校”这样的难题。孩子上课外班太多，怕失去了孩子童年的快乐，不上课外班，心里总是空落落的，这将来的升学考试怎么办？

[今日功课]

请描述你生活中所有的不如意。

第三十五课
存心、养性、事天，匠之境

阳明先生是圣人，他一般不跟您唠这些家长里短，我不一样，我是一名心理咨询师，我的职业就是陪您聊所有您关心的大事小情。而且我发现，阳明心学，不仅有着修身齐家治国平天下的学问，同样也能够解决生活中的常见问题。

比方说，财务问题、婚姻问题、亲子问题、健康问题、事业问题，只要您有那么一点点决心，按照阳明先生的方法去执行，坚持上一段时间，可能会蓦然发现，原来自己，真的有能力走出生活中的“两难之境”，过上更轻松美好的生活。只要您有一点点兴趣，和我一起走入阳明先生的“第二阶段”。

在您忘记了您自己是谁，在您沉浸于人生历程的第一阶段那些束缚的经验中，完全成了命运的受害者，要么财务困窘，要么疾病缠身，要么深陷一份您明知道没有结果的亲密关系中无法自拔，并为此痛苦不堪的时候，您开始觉得自己不完整，好像缺少了什么东西，仿佛一切都没有了意义，生活就是一段必将走向死亡的虚无之旅。您开始怀疑，是不是有什么事您不知道，您开始对一些奇怪的问题感兴趣，我是谁？我为什么来到这里？我在这里的意义是什么？然后，您开始寻找答案，希望找到更崇高的人生意义。

这时候，您依然没有想起来自己是谁，没有想起来真正的自己，或是自己到底拥有多少力量、智慧和丰盛的内在，尽管如此，您还是义无反顾地开始寻找真相。阳明先生对这一段人生经历的描述是："存心养性事天"，是"学知利行"的人做的事。"存心养性事天"，同样语出《孟子·尽心上》，说法很有意思，他不说找到了那个"心"，那个"天理"和"良知"，那个本自具足的内在自己，他只是说"存"，将这个"心"存起来。没找到，可以存在自己的大脑里，找到多少，就可以存在自己的"心"里。好吧，中国文化博大精深，一个"存"字，道出了正在寻找真正的自己的人对"天理"的基本态度，或者说最低要求，知道就行，感受到最好，了悟了，那更精彩，都没有关系，存了"心"这样一个概念就好，存了"真正的自己"是具备无限的丰盛和能量的这样一个概念就好。

接下来，养性。这是针对每个个体的功课部分了。性，性格、个性，千人千面，各不相同。养性，养谁的性？您的、我的、他的？您看到爱人的脾气不好，温言规劝，有用吗？下次，他该发脾气的时候照样发脾气，您的规劝，早就被扔到了耳后。您看到孩子学习不努力，您去苦口婆心地劝说，有用吗？别说我没有提醒您，多少青春期的孩子和家长对着干，原因就在于家长的规劝太多造成的。这么亲密的家人的性您都养不了，所以，您能养的，只能是自己的性。用今天比较流行的话来说，就是"爱自己"。

如何养性，在阳明先生的论述中，占着极为重要的位置和很大的篇幅。在重要性上，他说：

"存心养性之外，再无学问。退身以全节，大知也；敛德以亨道，大时也；怡神养性以游于造物，大熙也，又夫子之夙期也。”

退身、敛德、克己，这都是在修行学问的过程中，因心中存了天理的意思，不再向外创造新的痛苦实相。到了颐神养性以游于造物的程度，那就是真正的欢喜之境了。

养性如养花、养鱼，那爱花和喜爱鱼儿的美好之人，有时，竟能到了痴迷的程度。心中念念所想，都是那花、那鱼。就是在外做着别的事情，看到天下雨，就想着家中阳台的花可以吸收雨露，看到途经的小河里水质清纯，也只想着家中鱼缸里水中的益生菌比例和这差不多，念念所想，皆是心中所挂念的事物。阳明先生也是反复强调，做学问，就是要有一股痴迷的劲头在里面，不管发生什么样的事情，只管“养性事天”，也就是时刻觉察自己的情绪和感受，因为在那个喜怒哀乐里面，是自己的信念体系和能量在创造着这一切。别的功课都是不打紧的，只有这人性的功课，才是最最紧要的啊！就像养花爱鱼之人在自己喜欢的领域长年累月地打磨、积累，慢慢成了这方面的专家一样，心学的功课，也是需要一个定静下来慢慢研习的过程。

阳明先生对这一阶段的描述是“学知利行”的人做的事。格物而致知，通过外部的事物去通晓内部的知；学知而利行，通过内在的知的变化，使得我们外在的行为发生改变，多美的场景啊！

而且，对人性的感悟每多一分，不只是您的学问会精进一层，更加可贵的是，您对自己生活中发生的事情，都会多一层明了和清晰。“匠”，我们将精于一门手艺或技术的人，称为“匠”。匠人最突出的特点就是专注，专注于自己喜爱的领域，持续不断地投入热情和精力，直到打造出被惊为天人的作品。有没有兴趣，成为一个专注于研习人性之道的“匠人”？

成为“匠”也是需要一个过程的。阳明先生对第二阶段，又进行了更详细的划分。

先生曰：

“教人为学，不可执一偏：初学时心猿意马，拴缚不定，其所思虑多是人欲一边，故且教之静坐、息思虑。久之，俟其心意稍定，只悬空静守如槁木死灰，亦无用，须教他省察克治。省察克治之功，则无时而可间，如去盗贼，须有个扫除廓清之意。无事时将好色好货好名等私逐一追究，搜寻出来，定要拔去病根，永不复起，方始为快。常如猫之捕鼠，一眼看着，一耳听着，才有一念萌动，即与克去，斩钉截铁，不可姑容与他方便，不可窝藏，不可放他出路，方是真实用功，方能扫除廓清。到得无私可克，自有端拱时在。”

首先是初学之时，这时候为学的人，心思还都在事上，关注点都在是非对错上，就是多好的天理、良知的知识，都是在他的脑子里跑一趟马车，讲一趟故事，回到生活中，该怎么办还怎么办。知道了心学的知识，倒是喜爱，要是一不小心，把先生的“知”理解为头脑的知道，不过又多了一层对自己行为的评判之意，很是可惜。所以，阳明先生强调，我个人更是强烈建议，试着静坐，息思虑。静坐的法子我在后面会详细分享。当然，您无论如何也静不下来，我还有别的办法。阳明心学，好东西多着呢！

然后是到了，注意，是到了万念俱灭、只悬空静守的时候。看到这句话，真的笑了。亲爱的阳明先生，您是顿悟的好不好，一个晚上，就通晓了宇宙天地间所有的奥秘，心中自然不再有私欲的藏身之所，悬空静守是您的一个基本感觉基调，智慧自然从中生出。可是，就是您说的这个一句话带过的过程，从思虑万千到悬空静守，就我个人体验的部分来说，整整用了三年的时间。当然，我并没有完全按照阳明先生的教诲，等到我达到悬空静守、万念俱灭的程度才去省察。在我个人体验的部分，只要开始静坐，思虑稍平，就开始了省察的功夫，而且，随着省察功课的进行，只要您切实掌握了去私欲的方法，随着私欲的渐消，自己头脑中的平静也是越来越明显。

知止之功，真的是在头脑定静下来之后，才从内在的定力中慢慢升起的，和以往的压抑完全不同。在压抑自己的情绪时，我们的感受是无力的，越来越虚弱，因为，压抑自己的情绪，同样使用的是我们自身创造性的力量；而知止是一种主动性行为，出于爱，您主动选择不去这么做。在这种选择中，您创造了一种和以前不一样的事件的可能性，在这种创造性的活动中，您感受到了更多的力量。

这个时间段里，您就像是一只抓老鼠的猫一样，就像是打扫地面的扫把一样，一刻也没有时间停歇，带着寻宝的心情，不停歇地寻找自己的限制性心理结构。找到一块儿，扫除一块儿，找到一丝，除去一丝，找到一片，自不必说，拿起扫把就扫。这一部分，阳明先生描述得动感十足，所以常常让人产生一个误会，就是这个去除私欲的过程，也是在行走、吃饭、做事情的过程中就可以实现的。

我不知道别人行不行，反正在最开始的时候，我不行。到后来，在行走、吃饭、做事情的时候，我也可以了。时时关注于自己的内在，不管产生什么样的情绪，完全地观照、同在，允许它走完自己的历程。

也许是我的痛苦太过深刻？还是我在一开始的时候，对阳明先生的理论理解掌握得还不够透彻？我个人化的部分，初期的限制性信念的查找、观照、同在，并陪伴它走完自己的生命历程的过程，是在静坐、冥想或者心理咨询的环境下完成的。

我最初是学习心理咨询，由老师带领，等到自己对情绪的运行规律有了一些切身的感受之后，开始自己试着在静坐和冥想的过程中，觉察自身情绪之后的限制性信念。个人建议，初期的限制性信念的查找，一个安静和让您感觉安全的环境，是很必要的。

就这样，由静到动地寻找私欲也好，由动到静地从情绪中发现限制性心理结构也好，等到一个时候，“到得无私可克，自有端拱时在”。没有很明显的私欲冒出来了，心中一股定力，老神在在的时候，恭喜您，您就进入了第二阶段的最后一段过程。

您可以长出一口气，看着身边的一切，心里暗暗地嘀咕，天下太平了。基本上所有的事情都是在顺畅而开心地展开着：家庭关系，顺溜儿；老爸老妈，对自己一百个满意；儿子女儿，孝顺得不行，争气得不得了，完全是您心中最满意的孩子的样子；工作生活，您游刃有余，您更加关心您所做的工作对涉及其中的人群呈现出来的奉献之意，及如何能够更好地服务于自己所关注的人群。您有着极佳的人际关系，遇到事情，总有人鼎力襄助，您和周围的人群，形成了一种天然性的合作关系。您最开始放在自己头脑中的天理，您差不多已经忘完了，因为那些天理，已经内化进了您的心灵。

第二阶段的过程，说简单也简单，说复杂，也真是不容易，难易之分，只在一个问题：人性的功课，到底是不是我想要修习的人生功课？只要这个问题的回答是“Yes”，那么，从最容易的地方入手，开始静坐吧。

[今日功课]

抄写：先生曰："教人为学，不可执一偏：初学时心猿意马，拴缚不定，其所思虑多是人欲一边，故且教之静坐、息思虑。久之，俟其心意稍定，只悬空静守如槁木死灰，亦无用，须教他省察克治。省察克治之功，则无时而可间，如去盗贼，须有个扫除廓清之意。无事时将好色好货好名等私逐一追究，搜寻出来，定要拔去病根，永不复起，方始为快。常如猫之捕鼠，一眼看着，一耳听着，才有一念萌动，即与克去，斩钉截铁，不可姑容与他方便，不可窝藏，不可放他出路，方是真实用功，方能扫除廓清。到得无私可克，自有端拱时在。"（有条件的，多抄几遍）

第三十六课
尽心、知性、知天，师之境，圣之途

“事天”的意思，就不用多讲了。只要您睁开眼睛，看着自己外在的一切，都是由自己那无以言表的巨大能量透过自己的选择而创造出来的时候，这就是“事天”。对这份能量，如果您完全不能感受到一分一毫，那就在心里存一份敬畏和尊重好了。

将自己内在的力量用好，是每个人值得一生修行的功课。内在的力量时刻在服务于我们的人生使命。我们的人生使命，同样服务于这份内在的力量。而最好的服务，永远来自于为之而感动的心。在这份为之而感动的心的指引下，您自然会找到最好的服务方式。

走完第二阶段，您没有办法不讲入第三阶段。因为人生归根结底，是一个有趣的过程，您生而为人的好奇心，在您通晓自己要为一切的发生负责，并能切实负起责任的时候，您会无法停止地，向着内在的良知靠拢。

也许是在某一个清晨醒来，您会发现，自己的心情无比愉悦，以前会让您纠结痛苦的事情，突然不再像往常那样让您痛苦不止，或者是您发现经过心学的修炼，在您觉得难以应付的环境中已能应对自如。您还在正常生活、正常工作，只是您不再着急对来到身边的人事物下判断，您只是静静地并带着饶有趣味的心情看着，看看生活，到底会为您带来什么。

第三阶段的出现真的没有一个共用的标准，或者说，这个标准，到了的人不必说，没到的人，说了也没有用。您的核心信念，从“恐惧”，回到了“爱”里；生活的一切发生，发源于“良知”，每个细胞都知道。

有那么一刻，您哑言失笑，原来，这真的都是我自己创造出来的啊，只要您体会到这一点，哪怕您还是会创造痛苦和麻烦，您也已经进入第三阶段。在第三阶段，您不一定是开悟了，准确地说，您只是超越了这一切。

您真切地感受到了发生在身边的一切事物和您的内在那无法分割的连接性，以及您在这个世界中的角色和责任，并怀着无比的热情投入生活，去创造自己的实相。当然，我不否认我们可以说，这一切都是幻景，都是内在所投射而出，同时我们无法回避的一点是，我们对这个幻景的感受是如此的真切，我们生而为人的部分，在这人世间的舞台上充分地享受和体验创造的快乐。只要觉知，就要创造，无可避免的创造之下，为什么不为自己创造一个充满爱和喜悦以及彻底的投入感的世界呢?

在第三阶段，开悟是随时可能发生的事。如果您对人类的情绪中所蕴含的能量等级有着稍稍的了解的话，那您就会知道，第三阶段的状态，离开悟的状态，只有一步之遥。一旦开悟，到那时，圣人，就是您啦！当然，地球上的人类，迟早都会走到开悟的那一步，除非所有人都开悟，我们出于对人类的爱意，通常会选择开悟之后再回来。

阳明先生对这一段的描述是：尽心，知性，知天，是“生知安行”的一个状态。格啊、格啊、格啊，您终于把您的私欲格完了，尽心，到了私欲的尽头，心性的光辉自然显露，您也了悟了什么是人性，那就是心的一个呈现在人世的方式；感受到了什么是天理，那就是在冥冥之中帮助我们建立我们的世界的内在能量和秩序。这时候的您，是在一个什么样的状态呢？

生知安行。我试着描述一下这个状态。您只活在现在，既不去担心过去，更不用焦虑未来。您的大脑是平静的，一天也没有几个念头出来。直到，如果在某个时刻，您觉察到一个念头升起的过程中，裹挟着、伴随着一个巨大的能量团，让您无法忽视的时候，您知道，这是在给您一些提示，让您做些什么了。您只需要顺应着内心所给您的提示去创造性地行动，就足够了。

同时，不可避免地，您开始看透生活的不确定性及蕴含在其后的各种可能性。您的生活不再是“因为……所以……”的关系架构，而成为了“如果……那么……”的逻辑关系。您很自然地超越了因果。

您回到家里，孩子在打游戏。您在第三阶段不会再像以前那样思考了，您不再自然地想，“因为孩子不爱学习，所以我不在家的时候就会打游戏。”您会很自然地祝福他：“如果他在打游戏的状态里找到了自己和快乐，那么太棒了！”

这时候，那三个问题：“我是谁？”“我为什么会在这里？”“我来这里的目的是什么？”的答案，会自然地在您的内心浮现。

[今日功课]

请试着描述您在第三阶段里的样子。

第三十七课　我是谁

“我是谁？”是人这种智慧型生物迟早都会自问的问题。这个看似单纯而天真的问题，却也是古今中外所有哲学和宗教所关心的终极主题。古希腊大哲人苏格拉底最著名的一句话就是：“认识你自己。”借用诗人杜甫的一句话，它也的确是令多少人“白头搔更短”的难题。

阳明先生的解释充塞于他每本书的字里行间，令人着迷，但也相当难以简明地条列出来。首先，我们必须谈谈我们的来源——“心”。“心”在各宗教里都被简化为一个像人一样的“神”，它具备了全知、全能、无所不在的特性。而阳明先生所称的“心”，并非是被神化了的超人，而是世间一切的源头。所以，不如说它是以纯能量的形式存在的。而且这纯能量是有觉性又充满了爱的，是“仁”。

也就是“一”，佛家所谓“真空生万有”的那个“真空”。但它从来不“空”，只不过是无形无象而已。这个纯能量本来便存在，无始也无终。请记住，所谓的“时间”和“空间”，只是在我们这个物质世界里运作的“模式”。

如果您自己在脑袋里曾有过任何梦想或想象，您可能想得天花乱坠，却无法具体表达梦中的景物时，您便能体会“心”“当年”的痛苦了。

现在，请试着以“心”的角度想象一下，在无边际的大脑袋里，升起了无穷尽的梦想，越来越生动，却又那么的空幻！

它想得头痛欲裂，它内在的每一“念”，都成了一个活生生的“生灵”，活生生的“意识”，活生生的“存有”，渴望爆出来体验形形色色的多彩生命。“心”是一切，贫穷和富有，勇敢和胆怯，接受和给予，怎么办？没有不是“心”的地方，这一切，如何体会？

最后，“心”终于“大爆炸”而释放出这些“存有”，放他们去自由组合，创造各色各样的世界。

这里要记住一句非常巧妙的话：统一中的分离。

“心”包含了无形界和有形界。虽然这些“存有”都有独立的生命，其实，它们又像是组成“心”的细胞，仍然活在“心”内。

从个人的角度来看，我们自以为的“我”，只是真正的我的表层——自我。“我”的组成形态可以被想象为一个金字塔。尖端是自我，下面是有意识的心智，简称意识心。意识心一半朝外，一半朝内，等于是“坐在意识的门槛上”。

再向下是“内我”，内我包括心理学上的潜意识和无意识。潜意识负责掌控您这有机体的存活，“自我”不必下命令，身体自然会呼吸、心跳、消化、吸收、排泄等等，这都是潜意识的功能。不过，我们的“自我”往往不信任潜意识，会有意无意地胡乱下达指令，潜意识收到了便“一个命令一个动作”，令身体起了反应，起了变化。例如，我们常说：“这件事令我头痛。”谁知道便真的头痛起来。这种例子不胜枚举，以后再细谈。

金字塔再往下，是无意识。到了这个层面，我们又得另外想像一幅画面：

假设有一个无限大的大海，像地球一样呈球状，这球的表面凸出一个个的金字塔形冰山。俗语说的“冰山一角”，意思是冰山只有一小部分露出水面。现在，这些冰山即我们单独的“我”，而浸在水面下的大部分便是无意识的我，与整个的集体无意识是相连相融的。而整个大海，可以说就像是我们的“心”。

谜底揭晓了！原来渺小的您和我，都是“心”的一部分！我们并非一个偶然的无意义的存在，一袋骨与肉，而是与“心”同一块料子剪裁的。我们的存在，起源于“心”的好奇心，伸出它的“小我”，浮出无意识的大海，来探一探物质世界的风光。

三千大千世界任遨游！

我是能量的一个存在。

每一个人本身其实都是一个拥有无穷能量而又独一无二的存在，动动手指，您要的东西就在瞬间出现，心境一转，您可以直接创造一个崭新的事件进程。您所熟悉的所有能力的概念，都无法和“真正的您”所拥有的无穷能力和无数种可能性相提并论。您绝不仅仅是您所知道的您自己的部分，您比那要大得多。来到第二阶段，您只是刚刚获得了一张入场券，拥有了一次开始您自己的奇妙人生旅程的机会，如果您依照本书后面的方法，您将有机会能够亲身体验、自我证实这一切。

毕竟，您有能力创造您想要的一切，您的自然状态就是一种无限富足的状态。在您的自然状态中，您不“缺少”任何东西。没有东西遗失了，也没有任何欲望没有得到满足。很自然地，和一束光一样，您也一直保持在平安喜乐的状态。

是的，就是一个回归本然的自己的状态。在地球上的人们，除了那个别的几个人，都是在走回自己的本然状态，认识您自己的旅途中。在阳明先生的人生使命中，有着成为那几个人之一的部分，所以，他创立了心学。

来到第三阶段的人，都会自然地成为老师，不是为了帮助谁，也不是为了拯救谁，只是在明白了世界是如何被创造出来之后，这些人愿意去创造一个更美好的世界，这个世界中自然也包括他所创造出来的每一个出现在身边和没有出现在身边的人。他会将自己所知道的分享出来，用各种各样的方式。而且事实上，千百年来，曾经有同样的大师存在于我们身边，用各种语言、各种方式说着同样的话，提醒着我们同样的内容，您的世界，是由您自己一手创造的。这真的不是一个比方，这是一个事实。

[今日功课]

随感而发。

第三十八课　我为什么在这里

前面我们已大致说明了，人的本质原来是“心”的一部分，采取了肉身的方式到各个不同的时空来探险的。

本来我们应该是满怀好奇、兴高采烈的小小探险家，不幸的是，我们竟然忘了自己的来源及老家，像迷途的孩子一样，失去了玩兴，只哭着找妈妈，只嚷着：“我要回家！我要回家！”

如今，您明白自己终究是安全的，根本一直在妈妈（“心”）的怀抱里——您是安全的。

可是，您仍然惴惴不安，愤愤不平。因为，有人跟您说，您是罪人，前辈子犯了罪，这辈子是来受罚的。

您隐约记得有过那种合一的幸福，但现在却发现自己处于充满了恐惧、不安、痛苦、嫉恨的人群中。

父母、师长总数落您的不是，您照照镜子，看不到自己纯精神体的美丽，只有一个平凡的人回瞪着您。

您学会了比较、竞争、嫉妒、仇恨。有时，为了乞求一些爱，您欺骗、讨好、虚伪，按捺住自己的心虚，努力像青蛙一样吹胀起肚子。

您忘了您是谁，所以您不断地自问：“我来做什么？我的人生有什么意义？”人生本是您的“心”给您的礼物——数十寒暑的一趟旅行。这趟旅行的内容，是您和周遭的同行者，自行选择并且一路创造出来的。

随着您投生前所做的“蓝图”，您与父母选择了彼此，您选择了生在地球的那个地方、那个国家、那个种族、那种性别、那种个性，以及肉体的外型。

当您在设计蓝图时，有老师或智者在帮助您，您参考前生的种种，订下了一些大纲。

您也许选择了做一个流浪汉，也许选择了做个老老实实的庄稼汉，努力劳作，生根于一处。最后，您也许选择了做一名战士，或者一个照顾病患的护士。

就像进迪士尼乐园的游客，有种种不同的“旅程”让您选择。您或者喜欢惊险刺激的“海盗船之旅”，或者喜欢安宁甜美的“小小世界”，或喜欢充满梦幻的“未来世界之旅”。

基本上，全都是“虚拟实境”。这样说，并不表示它不存在，或您没有亲身体验那旅程所引起的种种情绪和感受，只不过是:

- 这一切都不是永远不变的；
- 是您自己创造所有的场景，然后再对它做出反应。

“命运”是掌握在您手中的。我们根据自己心中所抱有的信念来看世界，因此，同样的事情会引发完全不同的情绪和思想，而这一切，织就了我们的人生。这个题目，在前面的内容已经仔细探讨过了，当然这也是怎么深入探讨都不为过的内容，在后面，我们还会仔细探讨。

有一些人，可以完全投注于物质世界的种种，自以为只有一个肉身，到时候两眼一闭，什么都没有了。可是，像您和我，说是过于勇敢也好，说是怕死也好，起码，我们勇敢地面对了心中的疑问，并且不找到答案誓不罢休。

我曾经探寻过宗教，曾经陷入虚无主义的黑暗，曾经追随存在主义的任性。可是，那样的人生，好像只是在逃避、在麻醉，并没有踏实和自在的感觉。

直到我找到了阳明先生，对他所说的一切心悦诚服，但并不把他当神来膜拜，只当他是带来真理的人。他和您，和我一样，是一个有血有肉并全然呈现自己的人。

阳明先生首先让我相信人的本质是永生的能量，而生命是一份珍贵的礼物，活着就是为了“庆祝生命”！

好了，这下告诉您这个最大的秘密了：人生的意义就是“庆祝生命”！

如何庆祝？

您需要花些时间和精力来向内看，向内感觉。“您”是什么样的人，您有什么样的性格，什么样的才情，什么样的兴趣？

“人比人，气死人”。听过这句俗话吗？抛掉父母对您的期许，他们未实现的梦不可强要您实现。不理师长亲友的压力，您得为自己过活，欢喜或受苦的是您自己。

去过一些大规模的植物园吗？千奇百怪的树木，各展风姿的花草，凑成了多么动人的画面！不论您是大树或小草，玫瑰或野菊，老天赋予您生命，您所要做的就只是“充分地活出自己的特色，满怀喜悦地舒展绽放”！

我们要为自己的人生负责，停止怨天尤人，不再退缩自卑。将您花在自艾自怨上的力气，转过来试试了解自己，看见自己。然后，毫不脸红地赞美自己，肯定自己。当然，最重要的是，接纳自己和爱自己。

我们经常妄想去外界追求别人的肯定与爱，但，与我们最近的就是自己，若我们不爱自己，怎么能叫人真正爱我们呢？

如果您说：“但我并不觉得自己可爱！”别怕，“爱”并非一种“感觉”，“爱”是“行动”。每天，照顾好您的身、心和灵魂，做一些让它们舒畅欢喜的事，不久，您便会发现自己越来越可爱了。

每个人来到这个世界，一定是带着一个个人化的使命的。这个使命可能和您平常所理解的功成名就的使命不一样，还真不是成为一个什么师、什么家。在我陪伴的诸多找到自己的人生使命的人中，出现过以下的答案：

“我是为了体验什么是真正的勇气而来。”

“我是为了学习谦卑的力量而来。”

“我是为了学会接受而来。”

“我是为了让我自己了悟面对真实的力量而来。”

至于我这一生，是为了学习“有趣的力量”。如果这本书读起来有让您觉得无聊的部分，那确实因为这是我的第一本书，我也正好在一个学习的过程中，下一本，我会有进步的。

“我们为什么要经历承载着我们个人化使命的人生经历”？面对这个问题，可以更深入地回答“我们为什么会出现在这里”的问题。因为，我们在这里可以体验到我们想体验的一切啊！您可以称这一切为一趟旅程，或者一场戏剧，甚至一个梦，甚至一场游戏，都没有关系，这一切称呼，本没有什么不同。不管怎样，我们来了。

[今日功课]

试着描述一下您这一生，之前的大致经历？找一找，您在为什么做准备？

第三十九课　我来这里的目的是什么

我们的肉眼是向外看别人和世界的，却看不到自己。我们的自我是与外界打交道的，却不善于内省。

我遇到太多人甘于做命运的囚徒，不是自怨自艾，便是愤世嫉俗。

阳明先生讲过一句令我惊心动魄的话：吾心光明，夫复何言？

这是阳明先生的遗言，是他留在这个世界上的最后一句话。阳明先生，您深刻地知道，您曾经怀抱着决心踏上一生所走的路，您运用着各种资源，去追求您认为合理的目的，您对于一生中所发生的一切，都有着深刻的接纳和认同，您离开人世时，了无遗憾。您认出生活的每一刻，都是自己灵魂的精心创造，您对自己人生中一切的发生，都说了一句："是的，太好了！"

我们和阳明先生的人性结构是一样的。和阳明先生一样，您也曾经怀抱着决心踏上一生所走的路，您也运用着各种资源，去追求您认为合理的目的，也就是说，生活中所有事情的发生，都是我们自己灵魂的深切渴望，都是服从服务于我们每个人的人生使命的。

如果您目前身心健康，事事顺遂，大概不至于反对我的话。但如果您正处于水深火热中，您大概会立刻穿上盔甲，"以攻击代替防卫"吧？

来，暂且停火，听听“老人言”吧！

阳明先生提醒我们的是，在我们个人的生活中，在面临外力的时候，在生活最困窘的时刻，我们都不是毫无自主之力的。“存天理、灭私欲”，只要我们这样去做，人生的主动权，就会回到我们自己手中。

他让我们看到，是我们自己形成了我们的命运。所以，我们既不必顺从命运，也无需反抗命运，因为，命运根本是我们自己创造，因而是可以选择的部分。

您明明是主人，却自甘做奴隶，为什么？

您可以怨天怨命，怨父怨母，怨外境怨别人，就是无法面对自己。您不敢承认生活中发生的一切都是自己的创造，都是自己灵魂的渴望。

不瞒您说，我以前也是最会怨天尤人的，我恨自己不够美丽，我怨没有得到足够的爱和肯定，我抱怨自己受了很多苦……直到我读到《大学问》后，才恍然大悟！

你们一定好奇，我学到了什么？我的灵魂为何选择这样的安排？我不够美丽，我没有得到足够的爱和肯定，我受了很多苦。如果这些都是我的灵魂的渴望，我为什么渴望这一切？

我想了很久，也想出不少歪理来。

我不是一个很美丽的女人，如此，当异性爱慕我时，我便可以确定他不是被我的外在长相吸引而来。

我没有得到足够的爱和肯定，如此我才真正体会到爱与肯定的重要性，也能了解同样遭遇的人的苦痛，并且找到真正可以给予我们爱与肯定的人——我们的“心”。

同时，由于身在“逆境”，激起我反思和叛逆的性格。我不服命运，反对权威，质疑男性的优越，好奇传统之外及体制之外的东西。

身体上我没受什么苦，心灵上却受过不少苦。但我并不认同“受苦使人高贵”这句话，毋宁相信阳明先生的话，“受苦只是让您知道，那只是一个私欲的呈现。”还有一点，受苦使我能了解别人的痛、别人的苦，而愿意、也能够适时伸出援手。

所以，到了这里，是不是多少体会到了阳明先生所说的，“人心天理浑然，圣贤笔之书，如写真传神，不过示人以形状大略，使之因此而讨求其真耳；其精神意气言笑动止，固有所不能传也。后世著述，是又将圣人所画，摹仿誊写，而妄自分析加增，以逞其技，其失真愈远矣。”

就像量子物理使得科学家们带领我们向物质的真相不停地靠拢，心理学和新时代的学问越来越细微地帮助我们辨识情绪、感受和信念的细微之处，这两个方向在不停地走向对方，就差一层薄薄的窗户纸了。阳明先生，您的心学，在这两个方向所产生的知识的帮助下，可以越来越具体地为我们每个人所用。

赞赏和感激这个时代！

[今日功课]

这一世，您为何而来？

致用篇

阳明心学修习之法，最宜深讲，效不效，全在乎此这一部分，我迟迟无法动笔。

阳明先生的学问，是要学以致用的。

煎药的时候，我们对煎药的器具、火候、方法会有诸多的讲究。学习阳明心学，也像煎药的过程，也是最最需要投注心力的地方。如果前面的基础知识部分您还有不理解的地方，强烈建议您重读一遍，因为，从现在开始，这些基础的药材，要进锅喽！

我给您准备了一个小药炉。

小药炉的使用涉及了几样工具。

这几样工具十分重要。

您要随身携带。

时时拿出来使用。

这几样工具都不占地方，因为，都看不见，摸不着。

这几样工具，都十分重要。

这几样工具就是您的心理图像、您的情绪和感受、您的思维、您的人生经验。

用这几样工具，您就可以“致良知”。

您就可以“存天理、灭私欲”。

运气足够好的话，您还可以体验“心物一体”。

药不能停。

嗯，就是这样。

第五章

立志

阳明先生说：

执谦枉问之意甚盛。相与数月，无能为一字之益，乃今又将远别矣，愧负愧负！今时友朋，美质不无，而有志者绝少。谓圣贤不复可冀，所视以为准的者，不过建功名，炫耀一时，以骇愚夫俗子之观听。呜呼！此身可以为尧、舜，参天地，而自期若此，不亦可哀也乎？故区区于友朋中，每以立志为说。亦知往往有厌其烦者，然卒不能舍是而别有所先。诚以学不立志，如植木无根，生意将无从发端矣。自古及今，有志而无成者则有之，未有无志而能有成者也。远别无以为赠，复申其立志之说。

必须立志啊！

这些话放到今天，是一样的准确和管用啊。500多年前，阳明先生指出，现在身边的朋友们，资质优良的不在少数，但有志向的太少了。都说，这不是一个适合圣贤出现的年代，所以大家追求的，不过就是建功求名，炫耀一时，让那些凡夫俗子们觉得很厉害的样子。哎！愁死了啊！我们完全是可以成为尧、舜那样顶天立地的伟人的，但大家对自己的期望如此之低，真让人感到由衷的悲哀啊！所以，我在朋友们面前，总是强调立志的重要性。我也知道有不愿意听的，但确实不能舍弃这一点而谈其他啊。

仔细看下面一句：实话实说，如果做学问不立志的话，就像树木没有根，这让这棵树可怎么活？从古至今，立下了志向，但没有取得成就的人是有的，但不立志，就能取得成就的，从来没有过。

立志就是意之所向，它是阳明先生心学的一大主题，也是阳明先生人生初始的主题。据说，阳明先生 12 岁时在京城的大街漫步，一位仙风道骨的人拽住他说：“我为您看相不收钱，记住我下面的话，您的胡子到领口时，进入圣境；胡子到胸口窝，结圣胎；胡子到小腹，圣果圆。”

这段话翻译成现在的话是这样的：您 30 岁时能在学问上登堂入室，40 岁时可建立完善的思想体系，50 岁左右就能将思想体系运用到实践由此人生圆满。阳明先生自从听了这段话后就常常在课堂上走神儿，因为他在凝思。

后来的某天，他一本正经地问老师：“什么是第一等事？”这话的意思其实是问人生的终极目标到底是什么？他的老师吃了一惊，从未有学生问过他这样的问题，他看了看王阳明，笑笑，又思考了一会儿，才做出他自认为最完美的回答：“当然是读书做大官啊！”这在当时的确是标准答案，正如今天大多数中国人的“发家致富”为第一等事一样，明朝的知识分子们当然是以读朱熹理学通过八股考试，进而做官为毕生理想。

阳明先生显然对这个答案不满意，他看着老师说我认为不是这样。

老师不自然地“哦”了一声，怎么？您还有不同的看法？

阳明先生夸张地点头说，我以为第一等事应是读书做圣贤。

老师目瞪口呆，突然狂笑，然后对着阳明先生摇头：“孩子您的第一等事可是太高了，哈哈！”

学做圣贤就是阳明先生在 12 岁那年立下的志向，从此他的志向从未改变过，并通过对佛、道、理学等各类知识的不断涉猎和学习，终于了悟了圣贤之道的奥妙，并创立了“心学”。阳明先生的成就的实现，发心就在最初的那个“欲做圣贤之意”。

立志的重要性自不必多说，说多了有好为人师的倾向，影响这本书的趣味性。事实上，阳明先生还有一个更大的秘密没有直接说出来，当然，没说我也能理解，一怕在500多年前的明朝太过惊世骇俗，二来也是担心学习的弟子知道了之后，存了轻慢之意，或者，还没学会走就告诉大家跑的知识，只是误人子弟。

关于立志更深一层的真相就是：立志即实现。

“我此论学是无中生有的工夫，诸公须要信得及只是立志。学者一念为善之志，如树之种，但勿助勿忘，只管培植将去，自然日夜滋长，生气日完，枝叶日茂。树初生时，便抽繁枝，亦须刊落。然后根干能大。初学时亦然。故立志贵专一。”

记得我们前面提到的能量创造宇宙的流程图吗？所有的物质世界，均是从一个内在的能量场而来，也就是阳明先生告诉我们的，“心学”是一个无中生有的学问。只有充分理解了“心”生万物，并与万物一体之后，才能充分理解“无中生有”这四个字。既然万物皆从“心”中来，那么，您的志向的实现，目的的达成，自然也是从“心”而创造。婴儿的诞生，是因为那个最初的“欲生之意”，才有了受精卵的孕育和成长；您走过一段旅程，是因为您最初的“欲行之心”，才使得您准备钱物，踏上旅程，并领略到沿途的风景；最初的那个“意”，最初的“立志”，就是我们所有需要做的。

要成事，只需“立志”。

这时候您可能会问了，就是这么简单吗，只要立志就够了？

咱们接着往下看，阳明先生说了，这立志的心，就像一颗种子，种到了土壤里，您不要帮助它也不要忘记它，允许它自然生长就好，自然日夜滋长，生气日完，枝叶日茂。而且，在不要帮助它也不要忘记它之前，阳明先生加了个“但是”，因为这是我们私欲所常常出没的场所。这棵树的长成，自由天地雨露照顾，风霜日月滋养，我们真的没有什么需要努力的成分在里面，只需要立志就够了。

立志，即实现。

立志，然后交给良知，勿助勿忘。

那份认为小树孱弱，欲拔苗助长，和那份认为小树已经长出，便忽略和遗忘的欲念，均是私欲。

树初生时，便抽繁枝，亦须刊落，然后根干能大。

在阳明先生的心目中，根干壮大的树木是他的个人化偏好，或者说，阳明先生自己就是一棵根干壮大的树木。见过旷野上的树木和茂密的森林里的树木的区别吗？坐在快速奔驰的火车上，放眼望去，一望无际，偶尔会出现一棵大树，那么，这棵在旷野中独立挺拔的大树，天不收地不管，自在无比。它的根干壮大，是因为有着一个空旷的环境，它自然可以自在地伸展旁枝以获取阳光。而在茂密的森林里，树干都没有那么粗壮，所有的树，都极力地向上伸展，同样因为需要阳光的关系，这些树的树枝，会尽其所能地以各种奇怪的角度生长、延伸，以使得生命中需要的养分得到充足的供应。对于我个人化的部分，这两种树木都同样的美丽，甚至，旷野上的这种，更偏向于我的审美情趣，因为呈现了更多的可能性。

偏好阳明先生审美观的，您是这个社会的栋梁之材，必须的。

立志和树木一样，您自己内在志向的这棵树，同样取决于您内在的心理环境，如果您发现您的结果不是您想要的初衷，那么，觉察您的内在心理环境，是您能够做的最大努力。

初学时亦然。故立志贵专一。

就是您在最初接触阳明心学的时候也是这样的，立志，贵在专一，因为，立志即实现。对于已经“致中和”的心理环境，只需要做到：立下志向、勿助勿忘，然后，一切自然达成。

对于没有“致中和”的心理环境，那就有点复杂了。首先，立下志向，当然，立下的志向还是会生长，达成，只是常常非您所愿。这时候您定下的志向肯定是对的，只是“志向”成长的过程中，在您的内在，时不时的，会有很多的用力过猛的帮助和不经意间对重要内容的遗忘，让您的树，偏离最初的志向。

那这时候，就需要您时时刻刻提醒自己最初立下的志向，因为是私欲让您分心的；需要您觉察想把那树苗往上拔一拔的想法，因为还是私欲让您有这么做的冲动；发现自己的树光长枝叶不长干的时候，您得向自己的内在心理环境找原因，是不是挡住阳光的云彩太多了，让树木不拧着劲儿长就见不到阳光；看到一棵树枝实在是拖累了整棵树的生长，您还得痛下决心，把它砍掉。

看到这些“私欲”，把他们认出来就好。“知善知恶是良知”，很容易用力过猛。

[今日功课]

立志！

第四十课　魔术表演

我们都是多么神奇的魔术师啊，
将黑暗变成光明，
将看不见的原子，
变成世上令人目眩神迷的剧场，
由秘密的微观壁柜里，
拉出物体，
（有人，也有兔子，）
将冬天转成夏天，
将一整握的片刻，
经时间之活门消失。
我们在很久以前，
已学到这方法，
以致它们成了无意识的，
而我们却催眠自己去相信，
我们是观众。
所以我很好奇
我们是在哪儿实习的，
在哪些魔术大师的手下，
我们学会如此平顺地形成实相
以致我们忘记了告诉自己

这个秘密？

——珍·罗伯茨

我们都是魔术师，而我们对自己如何从那能量的原点创造出整个世界，基本全部遗忘。面对我们的内在心理环境的部分，同样也是一点点记起我们真正的自己的过程。我们都完全地沉浸在这创造力的魔术里，不管自己有没有意识到。

创造力，那同样是我们自然的一部分，透过信念和情绪，创造了每个人独一无二的世界。一旦我们遗忘了这一点，我们就开始失去领导和指挥我们自己的世界的智慧。

一旦我们想解决一个问题，在寻找解决方案之前，我们已经开始担心这个问题。

一旦我们忘记了自己本然的充沛和富足，我们就会囤积物资、金钱，以应付那只可能由我们的内在所创造的“不时之需”。

一旦我们忘记了我们自然的心电感应能力，我们就会依赖电话、电脑等科技产品。

一旦我们忘记了我们身体伟大的疗愈力，我们就会把治愈的希望寄托于医疗技术和药品。

魔术之所以让我们惊奇，是因为我们不了解其背后的运作机制和过程，所以魔术的结果经常让我们始料不及。生活中的事件也是一样，如果生活出现了并不在您的预料之中的情况，那也只是因为，您对生活本身被创造出来的过程，还没有感同身受。

您不了解原子、分子是依照什么样的原理和结构被粘合在了一起，您也不知道，您的内在信念结构是个什么样子，使得您直到情绪起来的时候，才后知后觉地发现，有些事情不对头了。您并没有养成一个新的习惯，在那个习惯里，您不再关注身边的人的行为，而更多地关注自己内在的情绪和感受，而实际上，这是每个人稍加练习就可以恢复的本领。

我在此只是建议，试着放空您自己。伴随放空而来的，是自然的平静，在自身已经存在的所谓的“问题”上，我们又添加了多少评价和指责？只有一颗放松的心，才有可能看清这一点。

事实上，我们在绝大多数时间里，都可以比现在更放松一些。我们经常忙着要做些什么，从而使得我们的时间过得更有“意义”和“价值”。我们工作、我们创造，我们无法忍受无所事事，因为无所事事显得我们在浪费光阴。还好，我们真的没有办法浪费光阴，因为我们所经历的每一分钟，都是“心”的精心创造。您所需要的一切，都在身边，哪怕是您所需要的灭私欲的材料，也全在手边，只是在您准备好去面对自己的私欲之前，您根本就看不到而已。

记得第三阶段的生知安行的状态吗？别的不说，这里一看就能知道，是一种很放松很自在的状态啊！试试静坐，找找这种状态，那不能让您进入放松状态的情绪、念头、感受，就是您进入向内看的学习的钥匙啊！而这个部分，我们还会在后面详细展开。

[今日功课]

冥想《图像化的部分》。

网络地址：http://xima.tv/7jSSlf

第四十一课　把握信念的力量

您的经验像一匹布，这匹布是您透过您自己的信念与期盼织出来的。您心目中对自己以及对世界的本质所抱持的观念，时时刻刻都影响到您的思想与您的情绪。

您的世界就是由您自己一手所创。明白这个，您就明白了创造的奥秘。

——《个人实相的本质》

我们“立志”所要确立的信念，就像是一块新的经验的花布，在立志之初，您是看不到摸不着这块花布的，我能够提醒您的一点是，这块花布其实是存在的，只是在以一种和我们的物质世界不同频率的方式存在，存在于我们的“心”里。在着手开始进入实质性创造阶段之前，我们的内在，实际上已经开始了花布的编织和创作。

我们不会织布，可以委托工厂加工，我们不懂印染工艺，可以请专门的师傅，我们没有纱料，可以去专业的工厂采购，所有的资源都在那里，等着为我们服务。这份天然的合作性的关系，使得您只需要立定把花布印染出来的志向，至于把花布印染出来的方法，则有成千上万种。这些方法，都在为您的志向服务。

立定志向是创造性行动的源泉，这些创造性行动会自然带来或找到实现您的志向的方法。

记得阳明先生在最初立下的志向吗？做圣贤。怀抱这个志向，以一种匪夷所思的方式，他自己的生活就演化成了一条“圣人成长之路”。

有弯路，对佛、道、儒，阳明先生都曾在其中寻找过真理的身影，而每一次当他转身走开的时候，都会在内在升腾而起一份崭新的体悟和自信，这些体悟和自信，同样也成为“心学”的一个重要组成部分。

有坎坷，两次科考落第自不必说，阳明先生当时已经开始开馆授课，粉丝无数，科考落第该是一件多么丢人的事啊，更别说自己还有一个中过状元、超级学霸般的父亲；紧接着，更坎坷的事情接踵而至，得罪刘瑾、流放贵州、遇人追杀、装死逃难、驿场苦寒、悍民通匪，直到龙场悟道，这一切苦难才有了停止的迹象。

阳明先生是怎么评价这些苦难的呢？龙场悟道之后，当然会告诉自己，一切都是最好的安排。悟道之前呢，没怎么见过阳明先生对这些经历的评价，只有第二次科考落第，阳明先生说了句，“你们以考试落第为耻，我以落第之后动心为耻”。科考很重要，不然阳明先生不会来参加，但科考的过程及所发生的一切，都是阳明先生修习自心的最好工具，仅此而已。阳明先生自己也是从第二阶段里走出来的人啊，外界发生不舒服、不顺利的事情的时候，都是觉察自己的最好时机，仅此而已，仅此而已。

那么，您又有什么理由，不认为现在所经历的一切，也是最好的安排呢？也只是给您自己的修行提供最佳的时机和材料而已呢？

也许您现在还无法像悟道后的阳明先生一样，真真切切地感受到现在就是最好的安排，那我就简单说个真实发生的好处。这个真切的好处就是，不管是什么样的原因使得您来到了阳明心学，不管把您领到这里的苦难表面看起来多么让人无法忍受，因为这个原因和苦难，您开始接触到阳明心学的理论，真正有机会开始掌控自己的人生，真正能够开始创造自己想要的生活，这个好处，同样是您的内在借着您所遭遇的一切而创造出来的啊！这些生活的苦难，都是一个再明显不过的提醒而已。明白了这一点，是不是能够使得您在面对自己现在的际遇时，多了一份平静和淡然？

一旦您开始放下对自己、对周边事物无休止的评价，您才有可能真正地去觉察这些念头，才有可能去了悟这些念头根本就是建立在沙滩上的城堡，不然，您更像是思维和情绪控制下的一个傀儡。

[今日功课]

如果生活中所有发生的苦难都是您自己的创造，不管理由多么匪夷所思，试着找出您从困难中获得的益处。

第四十二课 静坐

还记得阳明先生说的那句话吗？“初学时心猿意马，拴缚不定，其所思虑多是人欲一边，故且教之静坐、息思虑。”

很多人一提起静坐就头疼。

我见过最极端的情况，当然，也是最有趣的场景，是一个来访者，坐在地垫上，在我给他说了静坐的诸般好处后，他也起了静坐沉思的意思，并且，马上付诸实施，就在地垫上开始准备体验五分钟的静坐时光。我给他示范盘腿的姿势，单盘如何，双盘怎样，脊柱如何拉直，双手如何摆放。在此之前，我一直是个相当较真的老师，恨不能找了一张最标准的双盘打坐图给我的来访者，然后告诉人家，您最好这样盘，最好那样做，怎样做效果最好！

然后我发现，这位来访者的情况太特殊了，他的双腿，别说盘起来了，根本都没有办法形成一个类似盘起来的姿势，那两条腿结实无比，看起来很有劲儿的，就是完全盘不起来，窝都窝不到一块儿去，像铁打的。

我实在没忍住笑。

而且最要命的是，因为我的严格要求，他自然而然地，产生了挫败感。觉得完全无法达到我的最起码要求，真的不是一个“好”的来访者。

幸亏我反应快！

我觉察到了这份挫败感，并马上深入我自己的内在，是什么样的信念，使我创造出这份表面上属于来访者，而其实同样也是属于我的挫败感？

很快，答案自然浮现。因为在我的信念体系里，不完美就意味着失败。看看，多么明显的一个限制性信念啊。

发现就是疗愈的开始。很快，经过我自己内在的一个小小的在后面会详细讲解的工具的使用，我从这个限制性的信念中，拿回了自己的力量。这个工具在后面会详细讲解。

从那之后，我在和人聊到静坐时，都是这样开始的，因为我也真是这么认为的：

静坐吧，首先，没要求，其次，没目的。

环境，能安静些当然是好的，要是实在没有安静的地方，哪里都行。毛主席不是在菜市场都能读书吗，我们在哪里都能静坐。孩子有点儿吵？等等，等孩子睡着了您再找机会静坐；爱人打呼噜？那就请他看会儿书，您就抽五分钟的空儿就行；光线，当然是暗些好，但您不开灯睡不着觉？没问题，开灯静坐。

姿势，量力而行，换句话说，找到您自己一个相对舒服的姿势就行，坐着，躺着，靠着，都行。阳明先生要求高，我是希望您舒服的，您随意。而且，一旦您明白了静坐的真正意义和目的所在，您也会和我一样不太在意静坐的姿势。同样，随着静坐的时间慢慢拉长，您会发现，最舒服的姿势，还就是阳明先生推荐的标准姿势，坐姿、脊柱挺直、双肩放松、盘腿而坐。现在，您喜欢什么姿势都行。一不小心就睡着了？没问题，下次记得盖上被子再静坐。

时间，一开始，五分钟为宜。不到五分钟就睡着了？那，能不能换个稍微不那么舒服的姿势？每天五分钟就行，贵在天天记得这件事，立志，立志，志向已立，不助不忘，足矣。

怎么开始，很简单，观呼吸。就是静坐开始之后，从头到脚放松一遍，这可以自己有意识地引领自己进行，或者，静坐开始，慢慢告诉自己三遍，放松，放松，放松，就行。然后，开始数自己的呼吸，吸气为1，呼气为2，吸气为3，呼气为4……一直数到10，然后，重复，吸气为1，呼气为2，吸气为3，呼气为4……循环往复。七年前的我自己就是这样开始静坐的，很好用，而且，不一会儿，您就会发现自己数到20多去了，甚至到了30多，您才会发现数冒了，没关系，从头再数，吸气为1，呼气为2，吸气为3，呼气为4……

坚持多久？十天半个月就足够了，最多一个月，您就会有一个重大发现。

您会发现，原来，您和您的念头之间，是有一些距离和空隙的。最早的时候，您会不由自主地跟着您的念头跑，念头一起，您就会跟着它往下想：

“今天老板瞪了我一眼。”

“不过，我今天没惹着他啊！”

“不对，不会是我昨天的报告他不满意吧？”

“应该不会，那个报告我是认真准备了的。”

如此，一个念头接着一个念头，此起彼伏，您一不小心就数到了30多。这在开始的时候，是很正常的现象，因为您和您的念头已经亲密相处了数十年，亲密无间、密不可分，让它带着您跑，是一种常态。静坐，是要对您和念头之间的关系建立一个全新的经验和体验。一个新的经验的养成，需要 21 天。立志，立志，志向已立，不助不忘，足矣。

随着观呼吸的进行，您会越来越感受到一些空隙，吸气和呼气之间，有一丝平静的空隙；一个念头落下，到另一个念头升起之间，也会出现一个小小的静默空隙。我的建议是，试着去觉察这些空隙。只要您开始觉察到这些空隙，这些空隙就会变得越来越明显，越来越容易为您所感知。

这时候，静坐就从观呼吸，到了观空隙的阶段。数可以接着数，也可以就不数了，观空隙也需要集中注意力，才可能将那一个个思绪和呼吸之间的空隙送至意识的范畴。

又是一个月过去了，别说一个月，就是前两部分，用了您三个月到半年的时间，都没有什么好惊奇的。跟着念头飞奔的日子，您已经过了几十年了，几个月的时间，您就不跟着跑了，这个进步的速度，也堪称奇迹了。

到您可以自如地观空隙的时候，我要建议您，观念头了。

这个概念有点不好理解。我请您想像一幅画面：在一条纯能量的河流里，因为是纯能量，所以这个河流的质地不像液体那么成形，也不像气体那么稀薄，乍一看是条河流，待您仔细看时，原来竟是浓稠的氤氲气体。因为我们的世界里没有这样的存在，甚至我也找不到一张略微接近的图片，所以，这可能需要您花一点时间来建立这样的画面。

在这条河流里，流动是在持续而舒缓地发生，那河流的质地也是不均匀的，闪闪发光接近液态的河水和浓雾一样接近气体的河水就那么水乳交融在一起。河流是活泼的，不时地会有浪花升起，而且，这些浪花升起之后，要么被您注意到，并赋予它能量，要么就自生自灭，向河流之上的空间飘去。

这条河流就是您的感受之河，这些浪花就是您的念头，而您的思维的注意力，可以赋予这些念头力量，这既是一个比喻，也是我所能想到的对我们自己的创造过程的最准确的描述。

那些被您所注意到的浪花，您的念头会追随、缠绕着它，一点点地赋予其选择性的能量，将它的质地、重量、形状慢慢呈现，等到这朵浪花的质感足够了，那么这朵浪花就会进入现实世界，不管是以您喜欢的物质和事件还是您所不喜欢的物质和事件。所以，我在此需要强调的一点是，不管您喜不喜欢您现在的境遇，这个境遇的来源之地，还真的是能量和您自己的渴望。

那些没有被您所注意的浪花，或者在您明了注意即能量之后，您有意识地选择不去注意的浪花，同样具有了自己的生命力，只是，不再寻求进入这一层物质世界的通道，因为要进入这一层物质世界，需要您的选择和同意，不只是头脑层面、意识层面的同意，同样需要您的内在和潜意识部分的同意，或者说渴望。它会在时空之外继续自己的旅程，只是表面上看来，和您的物质世界不再有关系。

在静坐之前，在人生的第一阶段，我们的关注力，全部集中在物质世界里我们的创造物上，既不知道这些物质从哪里来，更不了解实际上是我们自己创造了我们所见的世界。开始静坐，就是踏上了我们的发现之旅。

此时您已经可以看到念头和念头之间的空隙了，就像看到了浪花和浪花之间的河流的本然部分，而在此之前，每一朵浪花的出现，都会吸引您全部的注意力。观念头，就是看着那些浪花般的念头，自然地升腾而起，看那些念头如何在您的注意下进入物质世界，看那些念头，如何在您的组织下成长为头脑中的故事，每天在您的头脑中跑来跑去，无法停息。又或者，看那些念头，如何在您有意识地不去将注意力贯注其上的时候，它也恢复到本来的样子，失去了张牙舞爪的能量，只是轻飘飘地，向着您所不知道的时空之外飞去。

静坐，在观呼吸和观空隙之后，是观念头。观念头，不让自己的注意力随着念头飞奔，只是试图看到念头的本身，并让它自如来去。

慢慢地，念头来时，您说，好的；念头去时，您说，不送；念头让您悲伤，您向那悲伤走去，因为您知道那悲伤才是念头的起因；念头让您愤怒，您就向那愤怒看去，因为您知道，没有愤怒的支撑，念头只是一个虚张声势的空架子。而在向着悲伤和愤怒的情绪走去，并允许自己成为那情绪本身的过程中，就是观自在，就是“致中和”。

《心经》的开始，就是：“观自在菩萨，行深波若波罗密多时，照见五蕴皆空。”观自在菩萨，就是观世音菩萨，在她还是现实中人的时候，她要领会自己的本来面目，也要用这种方法，静坐。观世音菩萨，进入了深深的禅定，很久很久以后，看到了，原来五蕴皆空。

我不知道自己说明白没有，或者有没有表达出来，阳明先生一句话中，包含着太多丰富而深厚的内容。息思虑可以是目的，更可以是在静坐的过程中自然发生的事情，您不再将您的注意力集中在念头上，念头的升起、落下成了一个自然而然的过程，您所需要做的，只是不助不忘地看着它，足矣。

您在静坐中收获的一切都可以应用在生活上，此言真实不虚。慢慢地，您会具有一种能力，就是在生活中，您的情绪就要爆发的当下，您可以像召唤神龙一样，召唤您的定静，您可以跟着您的情绪去做决定，同样，您也可以等待情绪走完自己的历程，然后，再做决定。同时，阳明先生建议您在悬空静守如槁木死灰之后，要动起来，回归生活。

同样，在生活中，随着觉察力的提高，您同样可以将觉察到的情绪带回静坐，继续您观自在的过程，这个过程，叫作“致良知”。

澄示：

“立志益坚，谓圣人必可以学而至。兢兢焉，常磨炼于事为朋友之间，而厌烦之心比前差少。”喜幸殊极！

静坐是立志之后的一个方法，一个可以带在身边，随时使用的工具，立志即实现，不助不忘。方法，是在您的志向确立之后，自然而然地来到身边的，用好这个工具。志向先确立，方法自然来，轻松不费力。

“源泉混混，不舍昼夜，盈科而后进，放乎四海。有本者如是，是之取尔。”立志者，其本也。有有志而无成者矣，未有无志而能有成者也。贤弟勉之！

诸位共勉！

[今日功课]

开始静坐，记录感受和过程。

悟了的人，是没有必要再使用这个工具的，因为他会将赞赏和感激用无数种方式表达出来。而且，更有趣的一点是，我知道，只要我的内在还有一点点认为这个落差不该存在，或者希望这个落差有所不同，或者任何想改变它、修正它、让它变得更好的信念在的话，这个落差就会一直存在下去，并且恰恰就以我认为最不能接受的方式一直存在下去。任何您抗拒的，都会继续。

一旦我放下了对改变这种落差的希望，我就开始静下心来，看看自己能够做些什么。

首先，请允许我介绍这赞赏和感激的来源，或者说，全然地活在"良知"的状态中，是个什么样的情况，"天理"在人间的呈现，到底是个什么样子。很多人把这种状态描述得神乎其神，仿佛是极少数人才能够抵达的一种无法企及的极致状态。实际上，真的没有那么神秘。

"良知"的状态是这样一种情况，在其中，所有的生长都是毫不费力的，不管是肉体层面上的生长还是经验方面的拓展，所有的生长，都是在一种自然而然的状态下发生的，做任何事情，您都能体会到一种透明的、喜悦的默许，而这正是所有的存在的基本条件。我们从落地降生之时起，就开始自然轻松地生长，没有在头脑中给自己预设任何阻力，一个刚出生婴儿的体重，可以在很短的时间内翻番，还有那么多技艺能力的获得，翻身、坐起、爬行、走路，这些看似平常的过程，实际上不亚于任何奇迹的发生，而我们确实习惯于将这一切视为理所当然。

此时，婴儿对待世界的态度也是非常有趣的，这种态度中，包含着伟大，包含着优雅，还包含着一种放任，在这种放任中，我们创造性地表达着我们的攻击性。想想婴儿那无所不至的探索能力，想想几个月的孩子表达情绪的方式，喜悦、悲伤，那么直接，那么彻底，您会更好地理解什么是创造性地表达攻击力。

是的，我们每个人，都出生在一种“良知”的状态里。还有更深一层的秘密，我们每个人，都不可能离开这种状态，您也一定会死在“良知”的状态里。不管最后是否埋在八宝山，或者，有没有被追认成人间少有的圣贤，“良知”的状态，您是不可能掉出去的，也不可能有人从您那里把它拿走。再次强调一遍，“心”之整体是为“仁”，这个整体，包括您的内在，您本身，和您所创造的整个世界，以及您所感知到的所有经验。

您只是可以忽略它，可以对它视而不见，或者不再相信您是处于“良知”状态。可能因为您所抱持的某种信念，可能因为您的某些人生经历，可能因为您对您的现状并不满意，或者因为您的某种难以忍受的苦痛，不论是生理上的还是心理上的，您只是不再能同时感知您的独特性和完整性，您只是不再接受从您的内在传来的信息。就是在这样的时刻，您同样是处在“良知”的状态，您同样是被“心”的“仁”安全地护卫着。

正是因为人类的意识被给予了极大的自由，我们人类才有可能转过身去，不看那存在于我们之内的伟大的能量，不去体会那本然存在于我们之内的巨大的喜悦。把这些都忘了，不再相信自己是一个时刻为“良知”所护佑的存在。

而我们在细胞和器官层面上的对生命之美妙性的体验和接纳，不再被传递到我们意识的层面。想想我们的胃，不论我们吃了什么，不论我们什么时候吃，不论是冷是热，我们的胃都是一如既往地工作着，蠕动、消化、吸收，并将食物传递给下一个消化道器官，从不出错。这种创造性地呈现生命中的冲动的方式，我们在我们身体内的很多器官上都能找到。心脏，不论您是多么强烈地将不快乐的信息传递给它，甚至在这种信念的压抑下，心脏都出现了不能正常跳动的情况，但是，您还是会有一个简单而深厚的信心，您还是可以信任您的心脏，信任它会尽己所能地将血液泵送至身体所有需要的地方。

这就是“良知”。

[今日功课]

无。

第四十三课　感恩身体及器官

赞赏和感激的第一层，请从我们内在的脏器和外在的器官开始。这种源自大自然的智慧，并没有随着我们的长大，而离开我们，它储存在我们的每一个细胞里，储存在我们的每一个器官里。这个过程，每天都在真真切切地发生着，时时刻刻陪伴着我们，哪怕就是在您看书的这一刻，眼睛一直在看，耳朵一直在听，心脏一直在跳动，肺部一直在呼吸，为我们的人间生活提供最基本的保障。不管他们健康状态如何，您从没有担心过它们会突然停止工作。

先生曰：

“‘美色令人目盲，美声令人耳聋，美味令人口爽，驰骋田猎令人发狂’，这都是害汝耳目口鼻四肢的，岂得是为汝耳目口鼻四肢？若为着耳目口鼻四肢时，便须思量耳如何听，目如何视，口如何言，四肢如何动；必须非礼勿视听言动，方才成得个耳目口鼻四肢，这个才是为着耳目口鼻四肢。”

阳明先生一直在奉劝我们，去思量，耳朵是如何听的，眼睛是如何看的，嘴是如何说话的，四肢是如何活动的，我们的注意力一旦超越了这些习以为常的功能，就会过度关注在我们所创造出来的外部世界，只要我们真正地去为这些器官和脏器着想，向我们这些随身携带、智慧具足的脏器学习，就有可能让我们内在一直都有的“良知”浮出水面。

我在这里分享一段冥想文字，通过诵读这段文字，可以帮助我们将脏器和器官的智慧，重新恢复到我们意识的表面。

现在，我邀请自己把注意力放在我的呼吸上，我的一呼一吸、一呼一吸……

从我出生到人世间开始，一直到现在，我都没有停止过呼吸，我亲爱的呼吸系统，赞赏和感激您一直如此稳定而负责任地为我工作，使我可以从空气中获得我所需要的氧气和其它成分。您的存在，我一直视为理所当然，从没有向您表达过我对您的赞赏和感激之情。

在平常的日子里，您就不断地照顾我，默默而耐心地陪伴我，给了我最大的支持和保护。我一直在忙于向外寻找智慧，却没有意识到，实际上最大的智慧就来自我的内在，来自一直对我提供无微不至的照顾的您，所以，请允许我深深地向您鞠一个躬，来表达对您长期以来忽视的歉意，请原谅我。我是如此地感激您在我出生后为我所做的一切，并将在今后的日子里认真向您学习，向您学习笃定负责的智慧，向您学习放松喜悦的智慧，向您学习包容接纳的智慧，并允许这些智慧自如地流进我的生活。我要学习聆听从您传来的声音和信息，仔细考虑您的需要。我爱您，谢谢您。

在您表达您的赞赏和感激的时候，您有没有注意到您的身体有什么样的回应给您呢？

同样，我们的植物神经系统一直不眠不休地为我们工作，其中很重要的就是我们的循环系统，我们的心脏不断地跳动，提供我们血液的养分。所以我也邀请您把您的赞赏和感激送给您的循环系统。

把您的赞赏和感激送给您的循环系统的时候，您的身体怎么样回应您呢?

还有我们的排泄系统，它在我们不知不觉当中不断地为我们过滤，把一些没有用的废物排泄出来；我们的消化系统，为我们分类，把对我们身体有益的留在我们身体里面，他们不停地放下或者吸取，不需要我们费心，同样，我邀请您把您的赞赏和感激送给您的排泄系统跟消化系统，现在您注意到您的身体有什么回应给您吗?

您的身体还有很多的植物神经系统值得您的赞赏和感激，包括我们的免疫系统、我们的生殖系统以及其它，都在一直默默地为我们工作，全年无休。

因为我们的眼，我们可以看到我们想看的一切；因为我们的耳朵，我们可以听到我们想听的一切；因为我们的嘴，我们可以说出我们想说的一切，并将食物送入我们的身体，以保证我们的存活。所以，是时候毫不吝啬地把您的赞赏和感激送给您的身体以及身体的每一部分了。我们的头部，我们的躯干，我们的四肢，我们的手足，都为我们在人世间生活提供了必要的支持和帮助，是时候向它们表达我们的赞赏和感激之情了。

[今日功课]

请为您的一个器官或身体系统，写下赞赏和感激。

第四十四课　理性和直觉

我们的文化中一直有过分强调理性作用和力量的倾向，对直觉部分的分析和领悟一直停留在无从下手的阶段，这也是阳明先生的学问很难被大众所了解和掌握的原因。

阳明先生称自己的学问为“心学”，并高喊“心外无物、心外无理”，毋庸置疑，他是极力推崇向自己的内心去看，去寻找内在的智慧和能量的，而直觉，是内在信息的一个自然而重要的部分；同时，他反复强调“立志”。立志，很明显，是意识的范畴，也就是理性的部分，在决定立下志向的瞬间，不论您的“良知”中还有多少“私欲”的部分，您的意志力，决定了您前进的方向。注意，最重要的部分来了，阳明先生同时推崇理性和直觉。

某种意义上来说，理性也是人的本能的一部分，并没有什么不对的地方。我们时刻可以思考，日常生活中，我们时刻在使用着我们的理性。理性的运作过程同样是一个神奇的、自发的过程，想想数学课上我们做的数学题，其中所运用到的锋利如刀片的逻辑推理过程，同样是自然的神奇运作的一部分。

只是，经常发生的情况是，理性被教育，要与它自己的源头分离。因为从物质世界所看到的一切都明明白白地各自独立，很容易就可以得出我们和整个世界的源头是被隔离的这个结论，“天理”的部分，慢慢地被我们遗忘了。

理性还被教育，如果我们不做点什么的话，事情有可能会变得更糟。当然，这个信念也是和人生的基本情况相反的，因为如果这是真实情况的话，人类绝没有机会存续超过一个世纪。

直觉的情况也没有乐观到哪里去。直觉，同样也是人的本能的一部分，同样也没有什么不对的地方。只是，理性所推崇的分离、逻辑推理，很容易在物质世界得到验证，而直觉的特点，在物质世界就没有那么直观的验证方式了。和梦一样，直觉是属于个人的个别性体验，直觉的特点是连接和一体。内在的部分深刻地知道我们和整个宇宙是连接在一起的，是一体的，在这种情况下，直觉带来的信息自然也是带着爱和善意。但这些信息，通常和我们的理性所秉持的“宇宙是危险的”“我是不被支持的”这些信念相反，而对于每个个体，做决定的，永远是我们的理性，直觉的信息就这样被忽略掉了。直觉仿佛成了一种意识，不可控、不可知，我们只有凭借极佳的运气才有可能获得一星半点的“天启”似的东西。

我们对待直觉的态度，同样受到近代心理学的影响。尤其是在弗洛伊德建立的心理学的架构中，潜意识被描述成了深深埋入海水中的冰山，想着就冷啊！而且，在其中，埋藏着我们最不愿为人所知的原始的欲望，和我们自己无法掌控的扭曲的冲动。冰山的设喻和内容的描述，造成了一种很自然的结果，我们无法信任我们的内在，或者说，能躲多远就躲多远吧。内在传递上来的信息，在通过理性的审查的时候，总是被标上了“不可信”的标签。

直觉同时处在被渴望和不被接纳的状态。直觉因众所周知的智慧成分被渴望，同时，因内在潜意识的不可知性伴随而来的恐惧被拒绝。

所以，在我们文化的一部分中，理性有着过分压抑直觉的倾向，也就不足为奇了。我们像驾驭马车的车夫，而内在的部分，我们经常会把它想象成一匹或者几匹野马，若不严加管教，这些野马随时可能挣脱缰绳，将我们的生活拖进不可知的、罪恶的深渊。

这之间的误会，太深了。

理性和直觉关系的现状也可以从我们现在的出版物中看出一些端倪。

一方面，在学校的出版物体系中，从小学、中学，一直到大学，其中所使用的教科书一直是以理性为基础和指导原则的。因为我们的社会文化中一直奉行一条明显的理性原则，我们要教授给孩子明确的东西，不能模棱两可，不能含糊其辞，一定要能够分出是非对错，不能是“如果……就……”，除非“如果……就……”是作为一个数学定理出现。

科学、数学、物理、化学的内容及教授形式都被精准地界定在理性的范围内，就是连语文、英语这样的科目，也是试图以“科学准确”的方式来教授。说到这里，让我想起了“地理”这门学科，这是最典型的非直观感受的情况下很难传递信息的科目，在理性的教育理念下，也经常被教成了知识的累积。教材统一，很容易造成现在的后果：一到全国性的假日，地理课本上所涉及的景点全部人满为患，拥挤不堪，而到下一个假日，人们还是涌向同样的地方，好像他们别无选择一样。某种意义上来说，他们还真的没有选择，因为全中国的地理课本上最有名的景点都是一致的；因为没有人让他们感受到过，旅行的真正意义在内心的感受，不在景点的名称；因为没有老师教会他们风土人情和书本上的地理知识一样重要；同样，老师也不会教，您和一个地方通过接触而产生的内在连接感，和您写在考卷上的答案，不是一回事。

另一方面，也有专谈离经判道的想法和概念的书系——包括谈各门各派的灵异、科学或宗教上的怪癖，热衷于讲那些抵触体制，并且处处向体制挑战的事情。这些书也是关注教育的，因为这些书写来也是要教导人的。这些书对直觉和内在部分极力推崇，最严重的情况，会将我们和物质世界打交道的这部分的“自我”贬低得一无是处，不停地劝说着人们完全去听从内在的声音。

这本书，以及今后会通过我出现的一些书，是这两种相反思想的一个桥梁。一方面，这些书与现行的体制并不一致，所以短时间内不可能会被作为教科书；另一方面，这些书所说的又太过合理，而没有办法被归于古怪的东西那一类。

教科书代表在一般理性思想的框架下理性的运作，容易忽略想象力、心灵、诗和创意的特质。通常情况下，这些特质的确被认为是一种危险，因为他们不接受模棱两可的答案，并且这些特质也让答案看起来太过简单。在另一方面，许多灵性书籍则强调创意、直觉、想象力的利用，但却相对地缺乏清楚的推理、逻辑，或根本没有对传统的尊重。

阳明先生兼顾到了这两面，一方面，他一再申明，他尊重传统的朱熹理学的存在（其实，朱熹自己到了晚年，也体悟到了这份真理，只是时间上不允许朱熹再去更改自己前面的著作）；另一方面，他也毫不犹豫地坚持，“心”是一切的创造者，是所有事物的出发点和我们“格物致知”的目的地。这就是阳明心学的精髓所在。

我的任务很简单，就是用理性的方法和直觉化形式的运用，将“心”的部分解释一二，以方便在日常生活中，每个人可以通过自己的理解力，来诠释和应用阳明先生的学问，我可以成为一座桥，同时将经验分享给您，帮助您在理性和直觉之间，自己搭建一座桥。

前面提到的立志，是理性方面的决定，而静坐，是理性允许直觉的部分开始参与决定。我的这本书的内容，经常在理性和直觉之间来回切换，一方面，是内容的要求使然，阳明心学一直在强调理性和直觉部分齐头并进、不可偏废。另一方面，也是我在试图分别对读者的理性和直觉的部分谈话。如果您觉得有些部分看起来非常顺利，那说明这部分内容正好进入了您的理性和直觉部分的优势领域；如果您觉得有些部分看起来有些不知所云，那么，只是说明这部分内容正好进入了您的理性和直觉部分的待开发领域。

理性和直觉之间并不是泾渭分明的，通常它们由我们的左脑和右脑来分别负责，左脑是“文明脑”，右脑是“先天脑”，它们之间通过胼状体相连。左脑主司逻辑思考和语言能力，右脑执掌创造力和直觉。左脑处理文字，右脑擅长图像；左脑重局部与分析，右脑重整体与整合。因此就左右脑的作用来讲，左脑擅长管理、处理一些战术性的问题，而右脑擅长领导、处理一些战略性的问题。

其实有一种简单的方式来了解自己的优势脑是哪一边。您可以把自己的两只手在胸前十指交叉，这时候，您可以看看哪一侧的大拇指在上边。因为我们的手部神经在脑部是交叉映射的，这意味着如果是左手拇指在上，那么，您是右脑优势人，如果是右手拇指在上，那么，您是左脑优势人。

大致的方式您已经了解了，那么，现在，有趣的部分来了，请您将手指交叉的方式改变一下，左手拇指在上的，请更改为右手在上，刚才右手拇指在上的，请更改为左手在上。

这时候会出现很多种情况，有的人很容易就换了过来，有的人费了点劲才换了过来，有的人，无论如何也换不过来。我记得有一次，我的一个朋友是右脑优势人，我建议他换一下手式试试，他无论如何也换不过来，最后，我拿着他的一只手，往另一只手里一个手指头一个手指头地往里放，好不容易下面的四个手指头对上了，结果，两个大拇指生生碰在了一起，右手的大拇指无论如何也放不到左手的大拇指之上，固执的感受直觉型人啊！

换过来之后您的感受如何？是不是有点不舒服？有点别扭？只是程度不同，一般情况下，每个人都会有不同程度的不舒服的感觉。

这在每个人身上多少都会反应出的不舒服的感受，非常重要，因为，接下来本书的后半部分，我是直接针对感受而写的，只要您能感受到这种不舒服，那么，您所具有的感知力可以让您毫无障碍地接着阅读和感受下面的内容。

前半部分对于左脑人来说很是顺畅，因为主要是介绍知识，明确方向，这是我们的头脑和意识部分的强项，难点在于感受和体验；对于右脑人也不会太过困难，因为内容中间充满了插科打诨，那些情绪表达强烈直接的部分，是右脑人接受信息的主要来源。后面的部分会略有不同，对右脑人来说，基本不用动脑子了，跟着走下来，轻松掌握这些个人修习中的工具就好了，难点在于立志和坚持；同时，我也会考虑到左脑人的理性思考的偏向，将涉及情绪和感受的部分的困难度，调整到您能感受到自己换手之后的不舒服的程度以下，也就是说，只要能感觉到自己换手之后的不适感，那么，后面的内容对您来说，就不会有太大的问题。这部分毕竟是要了解的，因为我们无法只靠意志力而使自己具有一种完整感和与所有其他人的相连感，以及自发、开放、诚实、善意、个人性、自治、游戏性等等特性。

我只是在推荐一些将理性和直觉综合起来，以一种合作的方式来处理日常生活中发生的事物的方法，而理性和直觉的合作，是完全可行的。接下来，我试着描述一个理性和直觉相结合的范例，来试着说明理性和直觉和平共处之后发生的情形。

一旦我得到了“我们有能力重新创造我们的外部世界”这个令人激动的知识，或者了悟，我便可以上路了。好像是我的脑筋转了个弯，在其后不论发生了什么我都以一种新看法去看它。有些我以前会贴上“坏的”标签的东西，我现在只把它看作是我还未曾觉察一个信念的证据。而一旦我觉察了，我便能改变它。有了这个新觉察，我不再觉得有必要去为我所曾做的“坏事”伤脑筋了。我可以了解我为何做那些事——因而对我自己做了那些事更能容忍。增加的自我评价和自信又随之导致新的启示、新的改变、更多信心——一种滚雪球效应。我常在日志里写道，我是在一种如蠡茧的状态，由信念来孕育一只蝴蝶，而当我破茧而出，重新进入世界时，我用的是同样的比喻。

当时间渐渐过去，我惊觉于这世界在我眼里看起来要比以前生动了许多！有天我去一条我多年来没有再走过的山径远足。在我记忆里那是条阴沉的小径，但这天它色彩鲜明，生机沛然。自此以后每次我看它都是那个样子，而几乎不可思议我过去能以任何别的方式看它。但我曾为自己创造了一个阴沉的实相——在那条山路上，以及在我生活的其他面。

今天，所有那些全都改变了。在过去五年来我不记得有任何感觉沮丧的时候。我的心情由幸福感——大多的时间——变为微微不耐——当我的信念生效得不够快时。我对我的独立已变得非常自在了，而当我克服阻碍、解决困难或向未知探索时，我爱那种胜任的感觉。

——《心灵探险》NancyAshley

接下来，我会分享一些工具，每一个工具都需要您的理性和直觉感受性的部分的共同参与，也就是您的意识思考的部分和内在情绪感受性的部分的共同创造，这同时意味着，阳明心学的修习不仅需要您对书本知识的阅读，同时也需要您在生活中去应用这些工具，并通过工具的实际应用，找到最适合您的成长的方式。

一个厚厚的笔记本是非常必要的，在这个本子上，您可以详细记录您的心路成长历程，同时，在每次应用完这些工具之后，您将之记录下来，可以帮助您完成从外在世界得到信息，回归自身觉察内在的心理结构，然后通过头脑梳理，将感受性部分回归意识的范畴的重要过程。这个过程本身，也是综合使用理性和直觉力的一个极佳范例。

您可以一个人应用这些工具，同时我也强烈推荐您找到一个同质的团体，在其中，您可以分享自己的感悟和收获，并从其他人的分享中体悟到更多的内容。团体本身还是很好的支持体系，当我们在最初的修习过程中，出现一些匪夷所思的现象时，可以有人及时告诉我们，我们并没有疯掉。不经意中您会发现，来到您身边的人，真的是为了给您送一份礼物而来。

如果您能对做这些工具采取一种游戏性态度，而非把它们视为必须想办法跟上的一种日常劳务，那么您就会更快乐地进步，而在过程中更有趣。但不论您的态度如何，去使用那些工具都是绝对必要的。光阅读这本书是不够的！要想变成一个有意识的“良知”的创造者需要练习。这本练习簿会给您开个头——然后就全仰赖着您去维持下去，把那些观念和行为整合到您每日的存在里。请牢记，我们永远是“知行合一”的，从无例外。

[今日功课]

准备好您的本子，并开始记录：

梦境、静坐的体悟、冥想的过程、您的日常感受、生活的点滴。

扫描下面的二维码，加入阳明心学日课成长团体。

第四十五课　感激您的创造

现在，回到我们的生活。“存天理”的部分我们差不多已经完成了，不论您相信多少，看到这里，您起码可以将自己创造了整个世界的概念放在自己的头脑里了。让我们一起走进生活的细节。

在开始今天的写作之前，我打开了一瓶自己钟爱的冰酒。酒是妹妹给的，因为她觉得好喝，送了我一瓶。酒瓶是那种不太常见的细口高瓶，蜜橙色的酒。我拿着酒瓶欣赏了一会儿，带着欣赏工艺品的心情。开瓶器是不锈钢的，银灰色，在灯光的照射下，闪着幽幽的银光。开瓶器帮助我开启了不下 20 瓶红酒。杯子是大号勃艮第高脚杯，因为我偏爱大号的杯子。且不论周围别的事物，就是这几样东西，就已经足够让我着迷。

通常情况下，言语只能相当有限地表达我们想要表达的意思。在细细地欣赏过酒的颜色和瓶子的弧度后，我用开瓶器打开了这瓶酒，倒进了干净的高脚杯。在我的眼中，蜜橙色的酒液像慢动作一样滑进了杯中，又冲上对面的杯壁，再次落下，和后来滑进杯中的酒液融为一体。带着同样放松的心情，我将杯子拿起，轻轻地晃动，看着酒液自如地在杯子中晃动。

我闻了一下酒香，大号的杯子总是有着让酒香腾转挪移的足够空间。首先闻到的是一阵橡木和果子的香气，一股淡淡的却是坚定不移的花香很快也加入了香气的队伍，我不是很懂酒，只知道很好闻，也没有将这香气比作什么的意思，只是闻着。

我慢慢地抿了一口，瞬间我就知道了舌头对味觉的感受是分区的，舌尖、中部、两侧、根部，几个区域感受到的酒的味道是不同的，微酸、甘甜，甚至还有暖暖的甜。这就是语言的限制之处，酒液入口的感受，我的语言只能略微地触及那真正感受的表皮。舌头上几个部位的味觉混合在一起，立马唤醒了头脑中的一块区域，整个人的精神为之一振。这时，酒的回甘上来了，酒液中那混合着花草香和霜打的葡萄的香气，也随着口腔内温度的升高，变得愈发浓郁。

我在心中由衷地赞赏和感激这一切。

我们从小都被教育，所有的获得都必须付出艰苦的劳动和辛勤的工作，您想吃好的？努力工作、努力赚钱；您想穿好的？努力工作、努力赚钱；您想住大房子？努力工作、努力赚钱。这套理论看起来是如此的合乎情理，所以我们从没有质疑过，这是真的吗？

渐渐地，随着微信的普及，我们开始接触到一些和这些想法不太一样的内容，而且听起来也有一定的道理。我记得有一条信息讲的是，所有重要的东西都是免费的，比方说阳光、空气、友情、爱情和梦想。当然，还有幸福。

我们很容易否认掉第二种想法，因为，只有免费的那几样，我没有办法活下去。那我们一起来看一看，平常在您的生活中，很重要并且也需要付费的东西。

比方说在家吃饭。我们会去菜市场买菜，菜市场里琳琅满目，应有尽有，一般我们需要操心的是荤素的搭配，家人的口味，不用担心哪种菜去晚了就没有了。每当这时，我都会对蔬菜大棚的发明者和在大棚中种出了各种各样美味的蔬菜的菜农心怀感激。当然，还有从养殖开始，到屠宰、到分割、到运输，到最后把牛羊猪肉卖到我们手里的生意人，在这个链条上，需要所有的环节都运作正常，才能保证我们天天都能吃上新鲜的肉食。就是在这个有着两百来个摊位的菜市场的身后，没有几千人在其中投注精力，是无法保证这个菜市场看起来天经地义的存在和运作的。允许自己小小地傲娇一下吧，找找那种当帝王的感觉，在这么多人的配合下，您可以站在这个菜市场里，和卖菜的小贩就一棵萝卜的价格反复探讨，并对蘑菇的品相品头论足——世界的中心，就是您。

我说清楚了吗？就是买菜的这个小小的瞬间，也是无数的人配合您的结果，当然，您同样在配合别人的演出，配合别人在自己的世界里时时做着自己的帝王，我们和自己创造的世界以及别的角色的合作程度，远远超出我们的想象。

我们挑好自己需要的菜，过秤，付款。因为我们所接受的教育告诉我们，金钱存在的目的是用来交换商品和服务的有效方式。当然，在初中的课本上我们也了解过，在金钱出现之前，人们通常采用以物易物的方式，后来，因为以物易物的方式既不方便，也没有效率，人们开始用贝壳、牛角等来作为通用的兑换工具，再后来，就发现很珍贵的金属或者印刷过程超级复杂的纸币，可以更方便地实现携带和交换的目的，于是，纸钞时代来临了。再到后来，人们创造了更方便的刷卡和网上转账，甚至手机支付，金钱的交换变得更为便利和高效。

只是有些根本性的信念是一样的，我们在用金钱交换商品和服务。为了获得这些看得见、摸得着的东西，我们付出了金钱，钱包里的钱减少了，到哪里去了？饭店老板呗。

实际上呢？

有人做某件事对您好或帮助您，或是您从别人那里收到某样贵重物品时，您会怎样回应？您会说“谢谢”，对吧？您藉此向对方表达赞赏和感激。当您去商店、餐厅或其他营业场所，因为某样东西而付款时，您不也拿到某样贵重物品？如果您是有礼貌的人，在这种情况下，您也该说谢谢，不是吗？

在这里，我们也可以很容易地看出金钱的另一个本质，它可以为我们换来我们认为很重要的东西。细想我们的每一次花钱，是不是都为我们带回了我们认为很重要的东西？不管是有形的还是无形的？而对这些物品和服务的需求之意，是整个金钱和物品交换的活动发生的基础，在整个交换活动完成后，我们得到满足的，是最初的需求之意，这是我们表达赞赏和感激的原因，不论是对提供了这些物品的人，还是自己发起并完成的整个满足需求的过程。

您付的每笔钱都因为您拿到了某项贵重物品（服务）。或许您不喜欢缴房租或房贷，但是有地方可以住很重要，不是吗？或许您不喜欢缴清贷款，但是利用贷款借到的钱，让您能够尽早买到某样物品或做某件重要的事。或许您不喜欢看到银行储蓄卡的历史给付交易记录，因为它们使得账面上的数字减少。同时我也得提醒您，当您收到或体验到这些物品时，您也获得了价值，不是吗？如果每次为任何事项付款时，您都使用赞赏和感激的工具仔细观察，其实您所做的事只是说：“谢谢，我为自己取得的物品（服务）表达赞赏和感激。”

所以，钱只是个媒介。如果一瞬间，钱都不见了，您的需求还在不在？肯定是在的。您满足自己需求满足的行动还在不在？肯定还在的，只是可能会变种形式，一下子没有那么便利了。那，对这份需求被满足之后的赞赏和感激呢？那必须在啊！

这时候的赞赏及感激就开始分了层次：

第一层，我们可以赞赏和感激为我们享受到这些物品和服务而参与了一场的那些人。

第二层，我们可以赞赏和感激我们创造性地满足我们自己需要的这个过程。

第三层，我们可以赞赏和感激出现在身边的这些人，正是这种合作性的出演，使得您在人世间的经验显得如此栩栩如生。

接下来的部分高能预警，不好体会，先了解一下就好。

我个人化地建议给钱一个正名的机会吧，它还真没有流动来流动去，它只是在您自己创造的满足自己需求的场景里，出演了一个不可或缺的角色，它也只是您的一个创造。

基于我们前面提到的能量点，从任何事物向内挖掘，最后都会碰到的能量点的概念，如果您在餐厅里享用晚餐，使用现金、支票或信用卡付款，其实您把钱付给谁了？谁在通过这整个过程满足自己的需要？您自己。对吧？每件事和每个人都是您的“心”的创作。您在菜市场买菜，您把一张纸币交给了对方，并为自己创造了整个的场景和过程，所以，最后是谁提供价值，您究竟跟谁道谢？

您自己。

如您所知，以刚说的菜市场买菜为例。菜市场根本就是一个能量的投射。是您的“心”创造了这个场景——菜摊、小贩、电子秤、琳琅满目的水果和蔬菜、旁边的包子摊和大饼铺、装蔬菜的筐、您手里的塑料袋，以及其他看似跟您一起买菜的人（吃饭的情况也一样），您在那里所体验到的一切及看到的人，全都是您创设出来的。在那里没有任何东西是脱离您而存在的，然而您说服自己一切都是脱离您而存在的。这是令人难以置信的成就，完全值得我们利用机会彻底表达赞赏和感激！

我想说的重点是：每当您在这个世界中创造并体验取得某项物品、服务或经验的过程时，需要赞赏和感激创作的三个层面：

- 赞赏和感激您自己为了让这个场景如此真实，如此令自己信服，必须表现得如此精湛。
- 赞赏和感激您的创作——不管是人、地点或事情——因为您让一切看似如此真实，让这些人在进行人世间的修习中完全支持您，让您从中获得特定利益（享受美食，获得喜爱的服装，收到建议，或者只是度过了一段休闲的下午茶时光）。
- 赞赏和感激让上述两个层面发生的能量创造流程，您已经将这个过程忘光了，利用赞赏和感激记起这一切吧。

如果您跟我陪伴过的很多人一样，您可能会想到，或者后来会想到，“我老是这么不停点儿地表扬自己合适吗？”我的回答是，还好，还好，还不够，还差得远呢！在人生修习的第一阶段，我们倒是没有了解到自己的创造，也没有赞赏和感激过这一切，所以我们过度关注发生在身边的事物，并且完全忘记了自己创造这一切的过程。遗忘本来的自己，是一切痛苦的根源。通过赞赏和感激自己的创造，使得我们有可能体会到这本身就属于我们的力量，并将这份力量回归我们自身。在第一阶段中，您成功地让自己相信表扬自己、向自己表达赞赏和感激是一种以自我为中心的表现，并将这种表现贴上了“不好”的标签。多么好玩儿的过程啊，经常，我对呈现在我面前的人性修习的场景都充满赞叹之情和敬畏之意，也对我们在人性修习的第二阶段所要付出的努力，以及随后能够取得的了不起的成就而啧啧称奇。

担心表扬自己会把自己变得过于自大，是一种很常见的现象。其背后常见的信念是，我不配得到这样的表扬，这样的表扬超出了我的真实情况，我实际上没有这么好。再等等看，通常会浮出水面的信念是，如果让我自己评价自己，那么分数一定不能太高，谦虚是我一定要坚守的美德。就好像爱会用完一样，您接收和付出的爱总是有个定数的。

您把爱用光过吗？如果您爱的小孩或某位重要他人，您用言辞表达爱意，通过亲吻、接触或某种礼物来表达爱意，之后您的爱就会减少吗？您拥有的爱或能力，其数量会因为表达爱意而减少吗？好像不会吧。除非您自己将爱封锁，否则，爱会源源不断地流出来。

所以，爱会用光吗？不会！

事实上，如果您仔细检视，您有无穷的爱。而且每次表达爱，您的表达能力和接收能力，其实不减反增。赞赏和感激及以金钱形式表达赞赏和感激时，情况也一样。您的赞赏和感激源源不断，每当您表达赞赏和感激，您表达赞赏和感激以及接受赞赏和感激的能力也不减反增。因此，当您随时随地表达赞赏和感激，结果会怎样？您所感受到的力量，会源源不断地持续喷涌出来。同样，以金钱形式表达赞赏和感激，这股流动会传回给您，而且不减反增——这就是您进行人生修行第二阶段时实际发生的情况。

既然您了解赞赏和感激这个概念，也知道赞赏和感激具有的力量，现在我们就来看看如何实际应用赞赏和感激。之后在下一章，当我告诉您如何将赞赏和感激与称为万能钥匙的这项最重要工具紧密结合时，就能进一步增加“表达赞赏和感激”这项工具的功效。

当您带着赞赏和感激的感受花钱时，您的金钱供给并未减少。事实上，它会再回流，然后增加。通常情况下，我们对于生活中遇到的有关健康、金钱、亲密关系、事业的信念常常是这样的：

“随着年岁的增加，我的身体状况会自然而然地每况愈下。”

“花出去这笔钱，我的钱就变少了，照这么下去，很快我的钱就没有了。”

“我不能主动打电话，女孩子主动的话，会被人瞧不起的。”

“在我这个年纪，开创新的事业是一个过于冒险的想法，现在的一切实在是得来不易。”

不管您在日常生活中，是否有类似的似是而非的感受或其他负面想法和感受，不管您是否明白，究竟什么因素在强化您这种想法、这种感受，原因不外有三：

- 您对于自我的能力和创造性受到限制性的信念的困扰。
- 您对这些信念的评断通常也有力量不足的倾向。
- 跟这些信念有关的结果事项再一次印证这些信念。

事实上，您正把自己的限制性心理结构越养越大。您这样做时，关于健康、金钱、亲密关系和事业的限制一定会在您的人生舞台中持续存在。如果您描述自己这些相关事件的感受是不带情绪或平静沉稳，这也是一种不错的选择，因为这样您或许就不会强化限制，但却错失了取回自己的能力、让限制性心理结构变小的良机，通常我们称限制性心理结构变小的过程为“去私欲”。这一点您很快就会了解。

在人间修习的第二阶段中，建议您给自己一个机会，让每件事情的注意力焦点从消耗转变为表达赞赏和感激。在刚开始时，这样做需要自我训练，因为您觉得不自在，但是到最后，这样做变得自然而然再平凡不过。现在就开始，每次生病、付账、与爱人争吵、事业上遇到问题时，我请您花一点时间赞赏和感激自己的创作，赞赏和感激身为创作者的您，也赞赏和感激自己收到的价值。

[今日功课]

试着在生活中运用赞赏和感激这个工具，并记录下来使用的场景。

冒着热气的馄饨时，您可以再说——并再次感受到——“哇！”这种神奇感受。为什么？因为那里本来没有这间沙县小吃、这些冒着热气的炖汤、这碗馄饨、这些卤煮、这些桌子和椅子，都只是您内在的投射和创造。只是您让自己相信，它们本来就在那里，一切都是真的，而且飘香拌面很好吃。

这实在是既惊人又伟大、既神奇又让人佩服的“超自然”成就！

赞赏和感激它们吧！

[今日功课]

记录自己运用赞赏和感激的场景。

第七章

实实落落依着他做去

在人性图中，我们已经深刻了解了“灭私欲”的重要性和必要性，肯定已经跃跃欲试了吧。从对前一章的“赞赏和感激”工具的了解和应用，您是不是已经开始在生活中小试牛刀了，那么，随着对这一章的深入了解，您完全有机会和能力，彻底从第一阶段造成的困境中解脱出来，深刻地体会“心学”的强大功效和实际效果了！

首先，我们来欣赏一段阳明先生的精彩论述：

先生曰：“尔却去心上寻个天理，此正所谓理障。此间有个诀窍。”曰：“请问如何？”曰：“只是致知。”曰：“如何致？”曰：“尔那一点良知，是尔自家的准则。尔意念着处，他是便知是，非便知非，更瞒他一些不得。尔只不要欺他，实实落落依着他做去，善便存，恶便去。他这里何等稳当快乐。此便是格物的真诀，致知的实功。若不靠着这些真机，如何去格物？我亦近年体贴出来如此分明，初犹疑只依他恐有不足，精细看无些小欠阙。”

这是在讲如何细致地“致良知”了，当然，和前面的内容一样，需要理性和感受并重，再强调一遍，并重！

阳明先生说，你要在心上去寻找天理，这反而成了找到天理的障碍了，悄悄告诉你，这中间，是有一个窍门的。

弟子赶紧问啊，这个窍门是什么？

需要做的，只是致良知就行了。

那，良知怎么致呢？弟子又接着问。

阳明先生说，你的良知啊，是你自己内心的一点准则。你把思虑放到它上面时，它自然可以判断是不是良知，是便是，不是便不是，瞒不得良知的，它都知道。你所需要做的，只需要踏踏实实地按照它的样子去做，实实落落依着他做去，善就留下，恶就去除。在良知这里，倒是永远稳当快乐的。这个过程，就是格物的秘诀、致知的要义。如果不是靠着这些真正的机关，怎么能去格物呢？我也是这几年才体悟出这了了分明的觉察过程，一开始心里还有些疑虑，怕这种方式有不足的地方，后来慢慢感受到，真的是一点欠缺都没有啊。

重要的地方强调一遍，您所需要做的，只是实实落落依着他做去，善就留下，恶就去除。

这句话有三层重要意思：

- 致良知的过程，就是灭私欲的过程，这个过程是可以实现的。
- 只需要踏踏实实地按照它的样子去做就行。这简直就是一把万能钥匙，用今天的话来说，就是完全的接纳，爱其如其所是。
- 结果很自然地到来，善留下，恶离开。

三个层次都很重要，分开聊。而且，对这部分内容的掌握与否，直接决定了您的“私欲”能否去除，极端重要。

[今日功课]

阳明先生说的修行的窍门是什么?

第四十七课
灭私欲、致良知，可行吗

我们先来看看人类有可能通过自我修习而成长的第一个原因。

先说种最简单的说法吧，“中和”是人类理所当然的一种状态，情绪之未发谓之“中”，发尔皆中节谓之“和”。当哭则哭，当怒则怒，当悲则悲，当喜则喜，就是“中和”的状态。在这种状态里，任何一个人的生命会自然而然地完成它自己，会发展，会绽放。我们一直“沉浸”在“良知”里，因为我们确实无法和它们分开。“私欲”也不是什么和“良知”分开的东西，或者是我们人类附加在“良知”上的附属物，因为“私欲”本身，也是自然的一部分，它并不反自然，也不反人类，同样有着自己的运作和生存规律。

因这一条，使得我们的修习成为可能。翻看阳明先生的著作，经常可以看到关于弟子修习过程中的书信往来，想想明朝时候的通信水平，一个月能有一次书信往返都是快的，所以，不难理解，阳明先生的学问，了解了基本原理后，是可以在家自己修习的，甚至，就是不能及时得到老师的指导都没有关系。一个月啊，等老师的回信到了，您的功课已然按照自己的思路做了，老师的点拨，再画龙点睛一下。

再看看几百年后的我们，此时，阳明先生的肉身已然不在了，同样的道理，根据我自己及其他人的修习过程中得出的感受，只要了解和掌握了“私欲”的内在运行规律，每个人都有能力“致良知”，因为说起来显得复杂些，而操作的层面实在是简单。

这样，使得学员根据自己的理解修习成为可能的第一个原因就很清楚了：一方面，不论您怎么做，您都不可能掉到“良知”之外去，所以，您可以根据自己的理解，随心所欲地“致良知”。另一方面，对一些基本资料的理解和掌握也是必要的，理性和感受需要结合。

我们接着看看人类有可能通过自我修习而成长的第二个原因。

以一种最简单的说法，“良知”存在于我们的每个器官、每个细胞里，“良知”是每个细胞的信念核心。同样，“良知”被印在每个染色体上、每个原子上。通过这样，“良知”提供给细胞和染色体与生俱有的信心，并渗透至由细胞和染色体所支持的每一个物种身上，从我们的每一根头发，到花园里的每一朵鲜花，“良知”的信念在生物的层面上是根深蒂固的，并为所有的成长和发展提供推动力，“良知”创造了这个世界，并一直毫不费力地支持着这个世界的稳定运作。

这段话就像一条背景资料，提供了一个“良知”运行的基本氛围。在这个氛围中，“良知”可以被理解，从而帮助我们更好地利用更细节的资料。

人类和其他族类，将“错误”当做是修正行动。也就是说，当我们面对一个所谓的“糟糕的决定”时，由我们理性所认为的一系列错误的决定而导致错误的后果时，实际上，在一个更大的范畴中，这个表面上看起来错误的行动本身，已经是一个自我修正后的积极的结果了，只是这个决定所依赖的知识，并不一定能够被我们的意识所意识到，或者这个决定所依赖的知识顺利地逃过了您的意识的注意。

这个智慧，在我们东方的传统文化里，随处可见。“破财免灾”，破财是一个糟糕的结果，是不是？可是，这已经是为我们免除灾祸的创造性行动了，只是在我们的意识层面，不一定能够知道，为我们免除的是什么样的灾祸。

“塞翁失马，焉知非福？”同样的道理，一个丢失心爱马匹的糟糕事件，同样以一种我们的意识很难预料的方式，在我们的生活中形成了一件居然偏向幸运的情况。

我想说的重点是，我们所知道的我们的部分，和我们所不知道的我们的部分，一起、同时、共同、不可分割地，参与了我们日常事务的决定。不管我们遇到的事件表面上看起来多么糟糕，这个“错误”的事件本身，已经是一个自我修正的行动了，都是我们的一个主动选择，只是我们没有意识到我们做这个选择背后的那些原因。这一部分不好理解，我再举个例子：“一切都是最好的选择”。

从前有一个国王，他有两个爱好，一是打猎，二是微服私访。

有一天，国王去打猎，卫兵跟在后面。国王很英勇，打中一头豹子，豹子倒地死了。国王大喜，下马前去察看，没想到豹子是装死，一个箭步扑向国王，咬断了国王的一根手指，卫兵立即前来救起国王。国王回到王宫后很是郁闷，堂堂一国之君被豹子咬断了手指！他请来心爱的大臣喝酒，大臣说：陛下，一切都是最好的选择。国王很生气，我被咬断手指，你却说是最好的选择？我把你拉出去，痛打五十大板，也是最好的选择吗？大臣说：是的，陛下，是最好的选择。那我把你关进大牢，也是最好的选择吗？是的，陛下，是最好的选择！国王大怒，我把你拉下去斩首，也是最好的选择吗？大臣说：是的，陛下，这也是最好的选择。国王命令将大臣拉下去斩了。临行有些舍不得，这个大臣虽然不讨好他，毕竟给了他很多帮助，先关进大牢吧。进大牢前，大臣回头对国王说：陛下，这也是最好的选择。

过了几天，国王微服私访。以前都是大臣跟他一起去，这回只能他自己去了。到了一个部落，正赶上这个部落祭天仪式。这个部落有个风俗，每个月的某一天杀一个人祭天。国王正好赶上，他们抓到国王，细皮嫩肉，上好牲品。堵上嘴，用绳子捆着。部落还有一个风俗，牲品必须是完整的，正当他们想把国王扔到锅里时，发现国王少了一根手指头。废物！他们把国王放了，另外找人祭天。

国王回来后，赦免大臣，说：你说的没错，一切都是最好的选择。可是，把你关进大牢，怎么是最好的选择呢？大臣说：陛下，如果您不把我关进大牢，那谁会陪您微服私访呢？他们发现您不是完整的，那谁会是那个完整的人呢？

呵呵，有点感觉了吗？有些知识我们不知道，“良知”知道，而且，“良知”还一直参与着我们的决策过程，以一种我们经常所不能了解的方式。

回到我们的日常生活，很多时候，我们对发生的事情无法接受和理解，经常首先想到的是改变它。恋人吵架了，急于和好，仿佛不马上和好，这份爱就不见了；生病了，急于治愈，仿佛这场病我们不积极治疗就会恶化下去；孩子的成绩不好，急于提高，仿佛成绩一时不好孩子的一生就会毁了。理性，因为和最初的源头失去了联系，总是不由自主地带着某种悲观的倾向，有着事情还可以变得更糟的固定化考量模式。在这里不得不说的是，理性，是极其武断的，同时是一个非常自动化的过程，而且理性对于自身的这种自动化的决断过程基本上是一无所知的。而直觉，通常我们认为不合理的直觉，它所依据并下结论的知识体系，远较我们的理性和意识所能觉察的范围大得多，因为直觉是以“良知”为背景进行计算和考量的。一方面，理性跟不上直觉所涉猎的范围，另一方面，随着我们对“良知”的感受，对我们自己本来面目的感知度逐步提高的过程，理性可以做出越来越与直觉相结合的决定。

说到这里，细心的读者就会发现前面一种划分的不合理性，也就是“理性”和“直觉”的一刀切两半的划分方式。是的，我们的“良知”、我们的“心”，从来没有对我们的生活袖手旁观过，哪怕是最细小的一个决定，哪怕是最无关紧要的一个选择，永远都是理性和“良知”在共同作用，单独的理性是无法存在的，感受和直觉永远都在参与决策的过程，所以，到这时候，一种更准确的描述意识的决策部分的词语就出现了：“知性”。我们实际上是依靠我们的“知性”在做出生活中的所有决定。

“知性”具有极大的弹性，它既可以极大程度地为外在的世界所吸引，为外界的规则所束缚，恐惧地缩在道理的硬壳里，一动也不敢动；另一方面，“知性”也可以给自己的“良知”

极大程度的自由，将决策权尽可能地交给内在的自己，甚至停止头脑中喋喋不休的声音，允许自己在人世间自如而放松地畅游。

在具体的生活中，我们不妨试着这样去思考，试着体会“错误”本身就是一个修正行动。

当我们生病时。疾病永远是一个信号，还有的说法是，疾病是一个天使，它为我们带来了对我们很重要的信息。而这个信息，非通过这种看起来很痛苦的方式，无法传送给我们。和错误是一个修正行动一样，疾病也是我们的身体自我疗愈的过程。

举个最常见的例子，现在很多孩子，小小年纪就近视了，随便走进一个小学的班级，一半的孩子戴眼镜。我儿子所在初中，情形更为夸张，一个班里只有4个孩子不戴眼镜。通常的情形下，我们经常将孩子眼睛近视归罪于电子产品的大量普及和应用，我们小的时候是电视看多了，现在的孩子是电子游戏打多了。这个戴眼镜的现象，孩子的眼睛看不清东西了，这又有什么积极的修正行动在里面？

要说明这个问题，确实需要下一番功夫，我个人建议您可以放下这本书，出去走走，就像我准备开始详细解释这个部分之前，也准备在冬日的冷阳里出去转转。这一部分相当复杂，如果不是因为了解之后，基本就掌握了阳明心学日常修习的精髓，我才懒得从头说起呢，啊不，从“眼”说起呢！

[今日功课]

您的生活中，有没有表面看起来很糟，后来觉悟到很好的事情？或者表面看起来好极了，实际上却是很糟的事情？

第四十八课　您的眼睛，是怎么学会看的

说到这个过程，下面的案例可以作为一个最为简单明了的说明。

1919年，在美国一个农场，一场凶猛的脊髓灰质炎（俗称小儿麻痹症）袭击了一个17岁少年，令他全身陷入瘫痪，除说话和眼动外不能做任何事情。

男孩的妈妈请来了三个医生，他们都对她说，没有指望了，您的儿子活不到明天了。

他们这样对妈妈说，这太残忍了。这个男孩对自己说，他一定不能让医生们的断言实现。

于是，第二天医生们到来时，他不仅活着，而且精神更好了。他们对此感到惊讶，但他们接着又对男孩的妈妈做了一个残忍的断言：您的儿子就算能活下来，也永远站不起来了，他会终生瘫痪。

同样，这个男孩决心不让医生们的这个可怕断言实现，他又成功了。过了数年后，他不仅站了起来，还在一个夏天，靠一艘独木舟、简单的粮食和露营设备以及一点点钱，畅游了一次密西西比河。

这个男孩的名字叫米尔顿·埃里克森，他后来成为催眠治

疗大师，可以说是这一神秘领域里无可争议的 No.1，也被认为是短程策略心理治疗的鼻祖。

很典型的立志的过程，对吧？这个躺在床上的男孩，心里暗自下定决心，绝不能让医生可怕的预言实现，然后，他就……

他就重新学习了一遍如何动，如何站立，如何行走，就如我们刚出生之后，曾经学习过的那样。

他深深地相信，意识层面的他并不知道该怎样康复，而他的潜意识深处会知道，所以他令自己的头脑和身体放松下来，而向着潜意识深处说，我有一个想站起来的目标，请您帮我一个忙，请您指引我该怎么办。

潜意识果真给了他答案。在全然放松状态下，他的心中映现出一幅画面：他儿时摘苹果的一个画面。这个画面是真实的画面，他儿时的确曾这样摘过苹果，当时他非常快乐非常享受。这一画面无比生动，细致入微，他的手缓缓地伸向苹果树上的苹果，似乎被分解成了一系列细小的动作，而他只是在全然放松又非常专注的情形下去体验每一个细小的动作中手和身体的移动。这个摘苹果的画面不断在他心中发生影响，而他则不断去体验每一个细小动作中手和身体移动的感受。几个星期后，这一画面中牵扯到的肌肉恢复了轻度的活动能力，它们可以做这一画面中的动作了！

接下来，他不断重复这一工作，每当想达到一个什么样的康复目标时，他都将自己交给潜意识，请潜意识帮自己一个忙，而潜意识也总是不断映现出各种各样的答案，它们可能是类似摘苹果这样的一个画面，也可能是一个意象，或者是其他，但都能指引他达到康复的目的，而在这一过程中，他只须积极地听从潜意识的指引。

斯蒂芬·吉里根博士是埃里克森的得意弟子，吉里根说，在这一康复过程中，埃里克森深深地懂得，意识或头脑中没有答案，如果他问头脑“我该怎么办”，那么他是找不到答案的，但每当他问自己更深的内在的潜意识时，潜意识总能告诉他答案。

这一整个自我康复过程，是一个深深的自我催眠过程，它的威力以及其中的丰富体验，后来成为埃里克森发展自己的催眠治疗办法取之不尽的资源。

他做了什么？他让自己的肌肉又重新学习了一遍如何协同意识的工作，仅此而已。

再来看看我们的眼睛，眼外肌共有6条，分为直肌和斜肌，共同来调控眼球的运动。4条直肌是：上直肌、下直肌、内直肌和外直肌。2条斜肌是：上斜肌和下斜肌。

眼球的结构分为眼球壁和眼内容两部分，眼球壁分为三层，最外层是角膜和巩膜；中间一层是色素膜；色素膜又分为虹膜、睫状体和脉络膜三个部分；最里面一层是视网膜；眼内容有房水、晶状体和玻璃体。

上面的内容是向“度娘”问来的。

同样，新生儿的眼力的成长发育过程，网上也有很详尽的描述：

宝宝刚出生时，对光线就会有反应。视野只有45度左右，视力也只有成人的1/30。而且只能追视水平方向和眼前18～38厘米的人或物。新生儿偏爱注视较复杂的形状和曲线，以及鲜明的对比色。

孩子满月后，已具有注视与两眼固视的能力，会注视抱他的人，不过无法持续太久，眼球容易失去协调。

三个月后宝宝的视野已经可达180度，可看到自己的手，也能够感觉到“自己”的存在。

4～6个月的宝宝视网膜已有很好的发育，能由近看远，再由远看近。

4个月时开始建立立体感。这一时期的宝宝会以视线寻找声音来源，或追踪移动的物体。这个时候的视力约为0.1。

6个月以后，两眼可以对准焦点。

8个月大时，宝宝的视力保持在0.1～0.2之间。

1～3岁孩子的视力发育标准约能达到0.1～0.6之间。

一般2岁时为0.4，已经可以判别事物的远近，且视线跟得上快速移动的东西，并看得清楚。

3岁时为0.6，视觉较为敏锐，喜欢观察，会借由眼睛来引导手去接触新事物，眼手协调更灵活，立体视觉的建立已接近完成。

不难看出，我们在学习“看到”，从看不清，到能看清楚，到追踪物体、集中焦点、分辨远近、建立立体感。这个过程倒是很像我们拿到了一个很复杂的望远镜，我们学会如何使用它的过程一样，对于一个三岁之前的孩子，这个过程不能不说，确实不简单。这时候，一个有趣的问题来了，谁在教这个看起来懵懂无知的孩子？而且，这项教育是如此成功，基本每个人在三岁前，都已经熟练掌握了眼睛这项精密器官的用法。

[今日功课]

我们的眼睛是生下来就会看的，还是有一个学习的过程？

第四十九课 呼吸与做梦者

每天早晨一觉醒来，我们都认可的一个事实是，我醒了。请大家注意这个“我”，“我”极其重要，“我”是思考者、行动者，用眼睛看，用鼻子闻，我呼吸，我做梦，我吃饭，我从这个房间走到另外一个房间，这个是我们所熟悉的自我，我们一般提起“我”的时候，一般都特指这一部分。

但是，明显的是，这个我们平常所熟悉的“我”，肯定不是个人的全部。还有一部分，我们平常并未有意识地知道它的存在，就是我们的“心”“良知”的部分。这个部分觉察呼吸最细微的部分；这个部分立即知道进入肺部最微小的氧粒子，当然也包括以 PM 冠名的那些部分；我们决定从一个房间走到另外一个房间，大脑需要下达一个命令，但它不负责执行，个人的某个部分，在协调着所有需要运用的肌肉，觉察着身体的平衡，让两条腿依次移动，完美地把自己运送到了目的地。这一切，在思想层面的大脑并不知道，您极其重要的“我”仿佛并不知道。在这里，我们可以在这里暂停一下。

事实上，您极其重要的“我”是可以知道的。困难在于，您并不知道您的极其重要的“我”的全部。人将自己切成两半，然后又奇怪自己为何不完整。我呼吸，但是谁在呼吸？我心跳，但是谁在心跳？我吃东西，胃在消化，但是，谁在调节着胆汁的分泌，调节着胃的蠕动？通常情况下，人只承认那些自己能够看到、闻到、触及或听见的东西，而在此时，他只能欣赏半个自己。而当我说半个时，我夸大了；事实上他只觉察了自己的三分之一。

正是这种觉察的不完整性，使得我们好像和自己呼吸及做梦的部分分隔了。我们不知道谁在自己里面呼吸，我们不知道谁在自己里面做梦，并不是因为我们有一个自己在物质宇宙中活动，同时还有另外一个自己在呼吸和做梦，掌管着心跳和肌肉的协调，只是由于我们将掌管呼吸和做梦的那个部分埋了起来。而呼吸和心跳的机能是如此的自动，以至于像是某个和自己完全分离的人格在做的，这只是因为我们自己做了这样的分割。

我们呼吸的那个部分，我们做梦的那个部分，就是我们的“良知”。我们思考，我们打扑克，我们下象棋的那个部分，是我们所熟悉的“自我”。这两个部分本就是一个整体，这两个部分显然同样正当，而且必要。如果呼吸、心跳、做梦这么重要的事，我们会交给一个莫名其妙的、概念模糊的，甚至可以说是附属的、几乎完全分开的次等人格的个人部分去负责的话，不是太可笑了吗？

[今日功课]

思考题：我们有没有可能有一个自己未曾觉察的更大的部分？

第五十课
我们对自己的重要部分并不觉察

我们不了解呼吸的机制，我们知道自己在呼吸，甚至某种程度上，我们觉得自己是在“被呼吸”。当您穿越一个房间，您承认是自己命令自己如此做，虽然在意识上，您并没有命令肌肉去动，或者刺激一条又一条肌腱。但不可否认的是，您的“自我”和“良知”的综合体，或者说，您的全部整体作为一个单位，保证了对您从一个房间到另外一个房间的意图的贯彻和相关动作的完成。

所以，自由而全心地承认自己对自己的重要部分并不觉察吧，这同时也自动意味着，“您”比您自己认为所是的部分，要大得多。您所不了解的那部分自己，就是“心”，就是“良知”，就是由之而出，创造了您的整个世界的那个部分。

通常情况下，我们对自己并不觉察的部分心存恐惧和疑虑。举例来说，我们会说，我要游泳，然后，我们就去游泳，这个行为我们清楚其过程和来龙去脉，我们记得我们是如何学会游泳的，然后，如何一点点地熟练起来，并运用自如。但是，如果一个人说，我要看见，然后他就看见了，您会觉得十分好笑。是的，一个人记得他是如何学会游泳的，但是，他很难记得他也曾学会去看见，但事实上，就像一个人从教练那里学会了游泳一样，您个人的某个部分，同样教会了您去看见。

人的双眼能够一起上下左右自如转动，靠的是牵引每只眼球壁的六条肌肉密切配合、相互协调又相互制约。如果其中一条肌肉的收缩力过强或过弱，无法和其他的肌肉力量取得平衡，就会引起眼球运动的偏斜，甚至扭转。

我们能看清东西，是因为光线通过角膜和晶状体后，会在视网膜上形成图像。正常的情况是光线的焦点正好落在视网膜上，但是如果眼睛近视，就会使眼球的前后径加长，角膜或晶状体的前后曲度发生改变，远处物体光线的焦点就落在视网膜的前面。这样，人就看不清远处的东西。

谁在调控着每个眼球之后的那六条肌肉的运行？谁在将角膜、晶状体、视网膜像个精密仪器般地调整到位？或者，将眼球拉长，改变角膜和晶状体的曲度？这一部分教会了我们看，现在，它还在吗？

就像您在游泳时，您的教练最初教给您的知识一直还在指导着您的游泳动作，同样的是，您“教”给自己“看”的部分仍然在指引着您的动作，仍然在协调并移动着眼睛的肌肉，仍然有自己的意识。纵然在自己睡眠时，这个部分，仍然在没有被感谢或者承认之下承担着身体的呼吸、心跳、做梦的任务。

一般而言，我们对自己的“心”或“良知”的部分并不觉察，我们对自己的整个存在只能了解到头脑所意识到的很小的一部分。还好，我们对个人的整个存在，虽然只能觉察到其中的一部分，但是通过对“呼吸”和“做梦”的自己的部分的了解，已经略有省察。这个内我，是我们整个存在无可辩驳的一部分。

正是出于对“良知”的这份简单而深厚的信心，使得阳明心学的日常修行成为可能。

在良知里，眼睛是双眼 1.5 的视力，有时候能让人视力下降的，是“私欲”。有些人近视的原因很简单，当生活中出现了让他不愿面对的痛苦境况时，这个人，尤其是孩子，会选择降低自己的视力，不看清楚这个痛苦境况，以使自己在这份痛苦中，仍然可以存活下去。

说个相反的例子，我们长期从事白血病和神经母胶质瘤儿童及家庭的公益心理援助，接触过不下两百个孩子，这些孩子无一近视。原因也不复杂，这些孩子的痛苦找到了其他的呈现方式，他们不需要把自己的眼睛弄模糊了。

教会您看的部分，此时仍然在保障着您，看清周围的一切。当您的内在开始有了一个也许您自己都没有觉察到的信念：我不想看清这一切，这个部分同样会配合您，降低您的视力，近视或者散光，让我们对生活的真相看得不那么清楚。一如我们的内脏器官，一直在无条件地支持和爱着我们一样。

[今日功课]

若为着耳目口鼻四肢时，耳如何听，目如何视，口如何言，四肢如何动？

如果是为我们的器官着想，我们当如何听？如何看？如何说？如何动？如何让他们沉浸在良知的氛围里？

第五十一课
向内努力，您便能更清楚地了解外在的东西

我们可以不去觉察自己的每一次呼吸，因为这很方便，让我们的头脑集中注意力去思考眼前的问题。但去忽略在做那呼吸，并且觉知呼吸所涉及的机制的内我，则是纯然的无知。我们可以不去觉察自己的每一眼看到东西的过程，这同样也是为了方便我们专心在我们所看到的事物上，但是，当近视的情况发生时，还是不去了解我们的眼睛看东西的运作机制，以及“心”和“良知”是如何时时刻刻地支持着我们眼球上的每一点肌肉的运动，而将近视的缘由归罪于某个外部为我们的方便而创造出来的电子产品上，方向不对啊，方向不对啊！

“心”，也可以叫内我，没有神秘到您够不着的程度，您有能力到达您的“心”，您有能力构造到达您的“良知”的通路，您却忽略它；我只能很确定地告诉您，这些通路，无可避免地会引导您回到关于外在世界所发生的事情的真相上，向内努力，您便能更清楚地了解外在的东西。

同样的道理，我们外在所遇到的事情，以及随之所引起的感受，同样也是您的“心”投射到外在世界的结果。您的“潜意识”部分是如此的重要，它不只是提供一个您在这个物质世界存活的保证，并且也是您的外在世界和内在世界之间的连结者。我们对这个连结者再怎么强调其重要性都不过分，因为只有藉由

认识到自己的“潜意识”，人类才有可能利用到自己无限的潜能。

眼睛近视也是如此，我们的“心”通过我们的眼睛将内在的画面投射到外在，再通过我们的眼睛来看到。当您看不清远处的画面时，某种程度上说，您内在的一部分，觉得生活中的一部分，是您不想看清楚的，所以，您通过眼睛创造了一个部分模糊的实际情况。

这并不是谁的错，这个情况，同样是您的“知性”选择的结果。原因很简单，如果要看清楚那些生活的部分，您的心灵会痛苦得难以承受。这个部分，就是我们的“私欲”，同时，对“私欲”的部分感受采取完全隔离的态度，也是“私欲”的一部分。但是，从我们知道“私欲”的存在，开始有勇气去面对这个“私欲”的时候，我们就进入了“良知”的范畴。

在一开始的时候，觉察这些“私欲”的部分并不容易，因为这些限制性的心理结构已经如此熟练地逃过我们注意力的觉察很多年了。当您问戴眼镜的孩子，他在生活中有什么难受的事情吗？孩子通常都回答不上来，因为如果孩子能够感受这份痛苦，也就不用把自己的眼球拉长，改变曲度，如此麻烦，只为不看清这份痛苦。感受不到的痛苦，经常是我们外在的冲突事件和内在的疾病的起因，说感受不到，是因为在一些感受的机会来临的时候，您没有学会抓住它的窍门。

因为我们所有的行为都一直被承诺是沉浸在“良知”里，同时，人类的一个自然属性就是将错误作为修正的过程，同时还有一个更大部分的自己在时时看护着这一切，向您保证着，只要是您需要的，那个部分都会全力帮您实现。

“致良知”的过程，就是“灭私欲”的过程，这个过程是可以实现的，而且同样是在“心”的呵护祝福下可以放心大胆地去做的事情。如果您想了解这“灭私欲”的窍门，请拿上我送给您的一把“万能钥匙”，跟我来，更精彩的部分马上就到。

[今日功课]

如果您身上发生的冲突，都是自我的需要，那么，试着找出您需要这份冲突的原因。

第五十二课　实实落落依着他做去

实实落落依着他做去。

我无意于说教人，我一直在做的，只是一次次地提醒您，您可以回到自己的内心。而且，如果我深知您的内在已经拥有了全部的答案，我怎么可能教给您，您已经知道了的内容呢？这个答案，只能被认识。如果您愿意深入内在，等待真相浮现，您与生俱来的智慧就会与您的问题相遇，而答案听上去，就像您体内有个小鼓一样砰砰作响，真切而具体。这也是我为什么喜欢去问和我坐在一起的人：“您真的想知道真相吗？”

当您坚持您有问题时，我也不会勉为其难地劝说您，您没问题。我只是知道您所坚持的问题，只是您投射出的世界给您的一个具体化的反映，除非您相信您有问题，否则就不会有任何问题了。我会建议您，将您的注意力从那外部事件上挪开，回归您的内在，您的身体，您的情绪，您的思绪，阳明心学的美妙之处，就在于您开始尝试着真实面对您自己内在的部分，就在于您开始真实地面对自己想要结束生命的念头，就在于您开始真实地面对您挥之不去的愧疚情绪，就在于您开始全然地迎接您过去认为生活中不够完美的部分，直到您回到自己的源头——良知的所在地，然后发现，真的是心外无物、心外无理，和物质世界打交道的那个自我，不停地在给您讲故事。

由于在人生第一阶段中您所遭受的失败、挫折和压力，您现在很急于把自己的力量收回来，马上进入一种丰盛、富足、充沛的状态，尤其是看到了实现的可能性的时候，这是很容易理解的。我在开始修习之路的时候，也有过这样的急切心态。但通常这样的情况不会发生，因为这样的过程就像是您买了票，到达了比赛现场，刚要开始看一场您期盼很久的乒乓球比赛，参赛选手都是您所热爱的，您等着他们在七局精彩的殊死拼搏后决出胜负。可是，裁判出现了，啪地一个响指过后，告诉您，某某获得了冠军，比赛结束了！

您肯定不干啊，您是来观赏比赛的，比赛的结果固然重要，但比赛的过程，那种跟着比分的变化和运动员的表现而引起您的紧张、兴奋、开心、失望的过程，是您付费来看比赛的原因啊！您热爱乒乓球运动，所以您会来比赛现场，不然的话，在家里看看转播，甚至次日早晨听听比赛结果，不也是一样的吗？

您来到了人间，是因为您对这场人生的历程充满了热爱。就算您现在觉知不到这一点，您的内在对这一点是了若指掌的。就像您不想没有看到比赛的过程就回家一样，您在人生的修习过程中，没有感受到自己对这份历程的热爱远远大于对结果的执着之前，您也不会回家的。您会进行第二阶段的人性修习，是因为您是真的喜欢这个在人世修习的过程。

现在是时候了，是把我们人生遇到的困难视作一种挑战的时候了。我们自己选择了这一系列的挑战作为我们的创造性的冒险的一部分，我们选择了这一场创造性的冒险，因为这是最适合我们的人生课题完成的方式。顺便说一句，如果您能够将您的工作视为一场创造性的冒险，而不是我们通常所说的“工作”的概念的话，那么，您从工作中能够收获的益处，会远超您的想像呢！

“实实落落依着他做去”，就是您会时时用到的万能钥匙。这把钥匙，是您能够将您在第一阶段所遗忘的力量一点点收回自身的工具。这个工具在使用的过程中，综合了前面所有提到过的内容，说这把万能钥匙是您读这本书的目的都不为过。当然，如果对前面的内容您是跳跃式阅读的，那在使用这把钥匙时，可能会有点吃力，就是将前面的内容全部通读下来，也需要一个融会贯通的过程。如果对其中的某个名词无法理解，那么，翻翻前面的书，您会很容易找到相关的理念和解释。

“实实落落依着他做去”，既然能够成为一把万能钥匙，那自然是因为它能够解决我们修习中碰到的各种各样的难题。难题的种类自然是万千变化，时间长了，我发现，难题的表现方式，倒也无外乎这么几种：

一是冲突事件层面，或者您遇到了一个您很难接受和面对的人生境况；

二是身体层面，您的生活倒是一切顺利，但总是有一些头疼脑热的小毛病，在身体的层面此起彼伏；

三是精神层面，您发现自己经常处在一种持续性的“私欲”里，无法自拔。

都可以使用万能钥匙，都可以“实实落落依着他做去”，接下来的章节，我会详细介绍这三种情况下，如何使用“实实落落依着他做去”这把万能钥匙。

[今日功课]

看一部电影，同时考虑，如果我要修改剧情，我会怎么办？

第五十三课
冲突事件层面，实实落落依着他做去

这个冲突事件可以是与金钱相关的，也可以是亲密关系中出现的，同样，事业、亲子领域，我们都可能会遇到冲突事件。我们之所以会称它为冲突事件，是因为很大程度上我们并不希望这样的事情发生，并不可避免地为之感受到痛苦。当我们面对自己不想发生的境况时，很自然地，我们会有情绪出现。

我在此处犹豫了一下，我是继续向您介绍这把万能钥匙呢，还是介绍情绪的本质。万能钥匙的使用是离不开对情绪的了解和觉察的，甚至可以说，万能钥匙使用的结果，通常是在面对同样的境况时，我们的情绪反应得更加自如和笃定，以方便我们做出更符合爱的决定。而这种不同不是我们的头脑对自己劝说的结果，而是在内在的心理结构改变之后，我们从内而外的情绪也随之发生了变化。好吧，还是先介绍万能钥匙的使用，在介绍完如何“实实落落依着他做去”，我再系统地介绍我们的情绪修习之路的过程和必经阶段吧。

对于冲突事件，我举个这样的事例吧。

有一天，您饿了，走进一家饭店，点了两个菜，一瓶小酒儿，准备在一天辛苦的工作之后犒劳一下自己。过了一会儿，菜上来了，您夹了一筷子，嘿！竟然咸得无法入口！

您的火儿当时就要起来了，您忍住了。您叫来了服务员，跟她说菜太咸了，服务员端回了厨房，过了一会儿，菜又端了回来，您一看，彻底愤怒了，感情后厨就是把菜在白开水里洗了一下，原样又端了回来！

您叫来了经理，带着愤怒把情况跟他说了一下，经理的态度还可以，他保证一定让厨房把菜重新炒一遍，并亲自端着白开水洗过的菜走回后厨。您坐回椅子上，仍然处在愤怒中，觉得自己受到了非常糟糕的待遇，而在接下来的这顿饭里，您始终都愤愤不平，一顿您预想中轻松愉快的放松时间，硬生生让一盘菜给毁了！

这时候，如果有人让您使用赞赏和感激这个工具，而您顺手抄起能拿到的东西砸过去的话，我个人表示非常理解。为什么？因为您在气头上啊，您的愤怒充满了您的胸腔。此时，就是有人告诉您，是您自己创造了这一切，估计也不会有什么好果子吃，我想了想，还是省省吧。

我能想到的，就是在您的身边碎碎念，“实实落落依着他做去”。您转过头来恶狠狠地瞪了我一眼，我就不敢吭声了。过了一会儿，看您气息稍平，我就又开始碎碎念“致良知、灭私欲”“致良知、灭私欲”，“抓住机会，抓住机会”。您又转过头来，不那么恶狠狠地瞪了我一眼，我就又不吭声了。

又过了一会儿，您自己转过头来，闷声闷气地问我：“怎么做？”

我的心中一阵宽慰，您自己知道，修习的最好时机到来了。

使用万能钥匙的第一条原则，所有您觉得最不舒服、最难受的时刻，都是您使用万能钥匙进入自己的内在，解开一个心结，并从中收回力量的时刻。就和现实中万能钥匙的使用是一个灵巧的机关设计的过程一样，在这里，阳明心学的万能钥匙，我也为它设计了一个使用流程，基本相当于万能钥匙的使用说明书。这个使用说明书的核心就一条，即阳明先生强调的，实实落落依着他做去。这个核心体现在万能钥匙使用的方方面面，而随着您自己尝试这把万能钥匙的使用，您一定也会围绕这个核心，发展出适合您自己使用的带着您个人独特性的万能钥匙使用流程。我相当鼓励您这样做，通往您自己的心路上的锁，当然是您最清楚应该怎么开。

我所能做的，只是尽量说清楚这个核心的实际应用方式，以及我的学生是如何个人化地使用他们自己的万能钥匙的。您会以何种流程和方式来使用，我都完全赞同，因为您有能力解决您所面临的所有问题，这一点，我深信不疑。

万能钥匙使用说明书概要：

- 面对您自己内在的不舒服。
- 对这股让您不舒服的能量，给予完全的支持和接纳。
- 尽全力让这股情绪保持不变，觉察自己对这种信念的支持模式。
- 获得对自己新的认识，向自己的创造表达感谢。

我想表达的意思是，当您觉得有不舒服的感受出来的时候，记得使用万能钥匙。是的，就是在这样的时候，我知道这听起来有点难为人的意思。

我经常碰到的想法是这样的：本身在冲突发生的时刻，我就已经很伤心、很难过了，本身我就受到了伤害，最需要别人关心和帮助的时候，您怎么能不让我像以往一样去寻找安慰，反而要让我独自一人去做什么功课呢？

这时候，我的建议是给自己一个过渡时期。在修习的开始阶段，您只需要给这个万能钥匙一些尝试的机会就可以，一开始没有办法一次完成整个流程，没关系；不知道自己做得对不对，去问问坚持在做的人；做一次会有一次的收获，体验到一点就有一点的了悟。

当您开始像下面这样想的时候，当您感觉不舒服的时候，都是您开始做功课的时机：

"孩子真是让我生气（失望/伤心/难过）！"

"我的另一半总是不能理解我的心情！"

"我的上司总是在难为我！"

"工作让我倍感压力。"

"我的胃好痛。"

或者在您的生活中出现了争吵、冷战、受了委屈、吃了哑巴亏这样的情况，或者您发现自己在生闷气、伤心地哭泣，或者因为自己做过的什么事情深深自责，或者您正在经历离婚、打官司、失去亲人、更换新环境这样的事件时，只要让您感受到了退缩、不舒服的感受，都是您使用万能钥匙的良机。

记住，任何时候感受到不舒服，使用万能钥匙。

[今日功课]

请列出您觉得自己有可能需要万能钥匙的场景。

第五十四课　万能钥匙的使用

步骤一：面对您自己内在的不舒服。

根据您感受到的不舒服的种类不同，面对这种不舒服的方法也有很多种。最常见的方式是静坐，这一般是在情绪的最高峰已经过去，我们可以坐下来，回到冲突发生时，我们情绪最高值的方式；如果在情绪发生的当时您就可以觉察，那么，您当时就可以直接面对情绪；还有一种方式，当您觉得您被憋住了，既无法感受情绪，也无法表达自己的感受的时候，您可以将枕头和被子摞起来，两手十指交叉，平伸出去，高高举起，往被子上使劲砸！

不管采用哪种方式，结合每个人的情况不同，这个调动情绪的过程时间长短因人而异，有人很快就能感受到内在那汹涌的情绪的存在，有人需要 3 ~ 5 分钟的时间。砸被子的，您能够将澎湃的情绪生生控制在身体里，恭喜您，拥有如此超常的自制力，砸吧，10 分钟能把您的情绪砸出来都是快的，加油！

这个过程，实际上就是一个仪式，是您在向自己的内在宣告，我要开始向内探索了，我要开始了解我内在的情绪和感受并从中修习了。静坐也好，砸被子也好，是在向自己表明一个决心，我的人生，要开始发生变化了！

藏在不舒服的感觉后面的庞大力量既真实又可感受得到。您可以感受到它，或许您体验到这股能量像一个既庞大又不停震动的球体，像飓风或龙卷风，像急流中的旋涡。您认为这股能量像什么并不重要，我们在体验情绪、能量和力量时，都有不同的感受和比喻，这同样是您个人化的一部分。只要注意自己遇到什么状况，不管您在意识里体验到什么不适，试着正面迎击，不要逃避。不论您选择怎样正面迎击，记住要彻底让自己融入这股不舒服的能量中。在开始时，如果您闭着眼睛应用流程会容易些。之后当您能够熟练使用万能钥匙，就算不闭眼睛也没关系，即使跟别人交谈时，也能轻松应用这项工具。

步骤二：对这股让您不舒服的能量，给予完全的支持和接纳。

这就是整个工具的核心：实实落落依着他做去。不管您感受到的情绪的形状是什么样的，不论它在您的身体层面引起了什么样的反应，您可能在掉眼泪，您可能在呐喊，您可能在恐惧情绪的包裹下浑身紧缩成一团，您可能根本坐不住而瘫倒在了地板上，想叫爸爸妈妈来救你，都可以，这个时候，请放下您头脑中的判断、解读，彻底地融入和成为这股情绪。

情绪本身，包含着巨大的力量。对情绪的抗拒，使得这些力量也不再能够为您所用。而我们产生的不舒服的感受，实际上是这些情绪送到我们意识层面的一个线索，跟着这个线索，那份情绪一定可以被您发现，正是不愿意去面对这份自己内在早已存在的情绪，我们才会从外部的世界寻找事件发生的原因，并期望从外部的世界中，找到问题的解决答案。

有时候，您会发现您快被这股情绪的力量所吞噬，仿佛就要发生很难以描述，但一定是很危险的事。这个情况是这样的，因为我们的情绪压抑机制，我们所能感知到的情绪，通常是整个真实被压抑的情绪的很小一部分。而内我也在根据我们意识的承受能力，慢慢地释放被压抑的痛苦。您可以在这里稍停一下，下一次，再承受更多的压力和苦痛的释放，当然，您要是个急性子，想一次就探到痛苦的最底端，我也可以向您保证，没有任何危险会发生。勇敢地将自己交出去，彻底成为那股让人痛苦的情绪本身，就是“实实落落依着他做去”。

因为人的内在，有一个很简单，却是千真万确的规律一直在运行。没有什么能量可以不发生变化，所有的一切，都是在一个变化的过程中。唯一一种可以使情绪和能量产生“固化”的假象的方式，就是您对情绪的抗拒和逃避，您对它置之不理，放在一边，而实际上，它哪里也没去，并会随着您对它置之不理的时间越长，它自身所获得的能量越来越丰富，并从形式上越来越“固化”。结合前面章节中提到的全息投影方式，这份“固化”就在全息干板上留下了深刻的印记，并通过能量，投射到我们的现实世界，成为冲突事件。

万能钥匙的作用，是直接改写全息干板上的内容，而这份改动，只是给了使我们痛苦的感受，以前我们会逃避、抗拒、置之不理的感受和情绪全然的存在权利。“实实落落依着他做去”，这句话可以放之四海而皆准，对一份情绪，我们能够给到的最大的支持，是彻底全然地成为它；对于我们所爱的人，最高的境界也莫过于此，彻底全然地成为他，以他的感受为出发点和落脚点，全然地支持和接纳。

这个过程的另外一个重要作用是，随着您的自我越来越多地踏入您以前所不敢进入的“危险区域”，您的“知性”的部分也得到了极大的拓展。“知性”中理性的部分并没有受到任何损失，而直觉的部分，因为随着感受、情绪的拓展，而开始开疆拓土，从而使得您的“知性”更加富有弹性。

这个部分的重点在于全然彻底地成为，不论感受到什么样的痛苦，不论看到什么样的画面，允许自己全然地成为，您在体验中怎么做，看到什么，感受到什么，听到什么，为自己创造什么，都由您全权决定，您可以随着时间改变调整做法。如前所述，在第二阶段时，任何事都没有规则或公式可言。

步骤三：尽全力让这股情绪保持不变，觉察自己对这种信念的支持模式。

只要您允许，前面提到的那股猛烈的情绪终究会过去，哪怕这会花费您几个小时甚至几天的时间，这个过程的时间长短，与您所压抑和累积的情绪的能量多少有着直接的关系。我碰到的最长的一次，有个学员在课上感受到了自己的一股强烈的情绪，回家自己使用万能钥匙，正好赶上“十一”长假，于是，他就把自己关在房间里，整整做了七天的功课。七天之后，竟有脱胎换骨的感觉了，同时，双眼上原来清晰可见的“白内障”羽毛，竟然都不见了。

成为情绪时，我会一再强调放下头脑的评判、比较，到您的情绪走完了自己的历程时，您的头脑，您的理性自然地就会回来。别着急，您的情绪走完了，您也知道了您的情绪中原来蕴含着如此大的能量，现在，请您的理性，确认一下这份能量的存在，确认一下，正是这份创造，使得您本来的能量创造成了痛苦的情绪。

尽量有意识地保持这种创造，您的情绪刚刚才走完，这份创造的过程对您还是冒着热乎气，如果最初是因为“我被冒犯了”的愤怒开始使用的钥匙，那么，在这个时候，请重复“我被冒犯了”。而且，尽全力调动身体的各个部位，以配合这个情绪的表达，使劲儿！加油！

您可能还可以维持一会儿这个愤怒的情绪，但很快，您就会发现，原来就是要维持这样的愤怒，需要自己这么大的能量的支撑！很快，就像挤尽了海绵里的最后一滴水一样，您突然发现，真的没有必要再这样剑拔弩张地愤怒下去了。您会哑然失笑。

这时，您还可以告诉自己，我当然可以是愤怒的，愤怒这个情绪在我这里存在了这么久，我对它驾轻就熟，熟悉无比。从现在开始，我可以开始选择愤怒和不愤怒，而不是由愤怒来选择我。

到此时，一种真正的平静就会到来。

这个部分的重点是体认到情绪中所蕴含的能量，以及能量如何通过情绪创造着事件。当然，在这个过程结束后，您回归生活中，油然而生的内在的喜悦，也会给您更多更具体的信息，这时候，您知道，是自己的力量回来了。

步骤四：获得对自己新的认识，收回自己的力量，向自己和创作表达感谢。

在情绪按照自己的历程走过后，您会体会到深深的平静。珍惜这段时间，感受一下，真正的内在自己。您可以告诉您自己所有您最真实的体悟，最起码，您可以向自己承认“情绪中充满能量”。

“我可以允许情绪走过它自己的生命历程，并将这份能量收回自身，在我想使用它的任何时候自如地使用。”

“这种感受实在太棒了！”

“我的选择，使得这一切得以发生，我对自己充满了赞赏和感激。”

“我也是能量？”

在最初工具使用的过程中，这句话对您来说还是个问句。没关系，过上一段时间，您可能也会用得上我经常使用的这几句话：

“我就是能量本身。”

“感谢我自己创造了这一切。”

“我拥有着能够创造整个宇宙的能量。”

“我为自己如此精巧的创造而赞叹！”

这个步骤的重点是认清自己的内在能量创造了这一切，并借此机会认清真实的自己，这是您必须说出的真相。在人生经历的第一阶段中，就是因为您忘了您的真实面目，您把所有的一切都不再认为是自己的创造，您把自己体会成了宇宙间一个孤零零的存在，一直在孜孜不倦地“忘天理，养私欲”，那么，到了第二阶段，事情就要发生一些变化了，您要开始“存天理、灭私欲”，天理是不怕时时提醒自己的，尤其是在使用万能钥匙的这一刻。

[今日功课]

记录自己的一次万能钥匙的使用过程，并和身边的人分享。如果可能，听听别人是怎么使用万能钥匙的。

第五十五课　天理是什么

天理就是：

“宇宙即我心，我心即宇宙，细微至发梢，宏大至天地。世界、宇宙乃至万物皆为思维心力所驱使”。

天理就是：

“以天地万物为一体者也。其视天下犹一家，中国犹一人焉”。

天理就是：

“夫大人者，能以天地万物为一体也，非意之也，其心之仁本若是，其与天地万物而为一也，岂惟大人，虽小人之心亦莫不然，彼顾自小之耳”。

天理就是：

“是故见孺子之入井，而必有怵惕恻隐之心焉，是其仁之与孺子而为一体也。孺子犹同类者也，见鸟兽之哀鸣觳觫，而必有不忍之心，是其仁之与鸟兽而为一体也。鸟兽犹有知觉者也，见草木之摧折而必有悯恤之心焉，是其仁之与草木而为一体也。草木犹有生意者也，见瓦石之毁坏而必有顾惜之心焉，是其仁之与瓦石而为一体也。是其一体之仁也，虽小人之心亦必有之。是乃根于天命之性，而自然灵昭不昧者也”。

面对如此大美之词，无他，以头抢地尔！

万能钥匙的使用，就是帮助您在第二阶段拿回自己的力量，而这份力量的来龙去脉，阳明先生做了非常详尽的论述：

“小人之心既已分隔隘陋矣，而其一体之仁犹能不昧若此者，是其未动于欲，而未蔽于私之时也。及其动于欲，蔽于私，而利害相攻，忿怒相激，则将戕物圮类，无所不为，其甚至有骨肉相残者，而一体之仁亡矣。是故苟无私欲之蔽，则虽小人之心，而其一体之仁犹大人也；一有私欲之蔽，则虽大人之心，而其分隔隘陋犹小人矣。故夫为大人之学者，亦惟去其私欲之蔽，以明其明德，复其天地万物一体之本然而已耳。非能于本体之外，而有所增益之也。”

好吧，我们再熟悉一遍整个人生修习的奇妙历程！

刚出生时，您就是浑然天成、如假包换的“大人”一枚，以“心”和“良知”的本来面目面对这个世界，随着年岁的增长，您培育出了“自我”“理性”这两枚在人世间生存必不可少的工具，以“知性”来面对人生。由于“知性”天然地被教育成我们和这个世界是分开的，这种分离感使得“知性”不再能获得“心”和“良知”的所有信息，自然地和我们的源头、我们的本来面目一分为二了。在我们“理性”的眼中，逻辑推理是世间最可靠的法则，并带着一种天然的悲观主义倾向，皆因为那份和源头切断后自然出现的无力感。

我们渐渐长大，因为我们要让我们的表现尽量符合外在的标准和期待模式，我们本来在“中和”中的情绪，就不能够像婴儿时期那样自如地随时表达，任性地尽情挥洒，发之而中节，这时候，不可避免地——当然，也是我们奇妙的人生历程中必不可少的一部分——“私欲”开始出现了，并开始累积。

“及其动于欲，蔽于私，而利害相攻，忿怒相激，则将戕物圮类，无所不为，其甚至有骨肉相残者，而一体之仁亡矣。”

您就感受不到那最初的“一体之仁”了。这时候，如果您没有被私欲蒙蔽本心，那么虽然您是小人之心，那么在您做事中体现出来的“一体之仁”和“大人”是没有任何区别的；如果您被私欲蒙蔽了本心，那么虽然您的“心”和“良知”的本质和“大人”毫无区别，但因为这种分隔和孤立，您的表现也就是个“小人”了。

所以说啊，那些立志要成为“大人”的人们啊，能够做的，也就是去除私欲的蒙蔽，以明了他自己就具有的“明德”，恢复他天地万物为一体的本来面目罢了。这可不是在您的本来面目之外，您能够找到或者增加一分一毫的东西。

[今日功课]

在良知里，心脏是如何运作的？
在良知里，肺是如何运作的？
在良知里，胃部是如何运作的？
在良知里，肝部是如何运作的？
在良知里，子宫、生殖器是如何运作的？

第五十六课
身体层面，实实落落依着他做去

您的生活倒是一切顺利，但总是有一些头疼脑热的小毛病，在身体的层面此起彼伏。

如果说上一课万能钥匙的使用，还需要理性和感受的共同参与的话，这一部分的万能钥匙的使用，需要我们的注意力更大程度地向感受的部分倾斜，开始学习并了解身体所具有的伟大的智慧，请身体疗愈自己的“疾病”症状，并恢复身体自然的轻松和平衡。有大量的老师在做这方面的研究，我在这些老师的著作中获益良多，并将这种疗法结合阳明先生的理论在自己的身体上坚持使用了长达六年半的时间。总的来说，效果还不错。

感冒、发烧我是不吃药的；从高中时体检就有的泥沙状胆结石在三年前消失了；三十岁出头就颈椎酸痛的毛病也没有了；从小一直困扰我的过敏症状也已经三四年没有出现过了。要知道，我的过敏源是冷空气，嗯，奇妙吧，冷空气，这基本上是北方冬天的土特产啊。而且从记事起，我的感冒，一定会因为冬天的冷空气转成哮喘。所以当我第一次告诉妈妈，我感冒了，不吃药了，妈妈连续三天，每天两三个电话询问我的情况。在妈妈的信念里，我要是感冒了不吃药，是绝对撑不过去的，一定会转变为哮喘，我会因此而失去生命的。还好，我没有，并再也没有因为感冒发烧吃过药；体重还自然地下降了五公斤。

最值得称道的是，我比七八年前的自己，看起来最少年轻了五岁。是的，我用自己的实际经验证明了逆生长的可实现性，并且，我可以负责任地告诉您，“无龄感”绝对不只是一个传说。

关于身体疗愈的万能钥匙，这部分的内容，本身就可以写成一本书，甚至一个系列的大部头，这部分的内容，总有一天会成为医学的一部分。当然，如果我们到那个时候，还是称恢复我们身体自然健康的学科为医学的话，或者，还称为我们提供身体疗愈方案的人为医生的话。

在我个人化的部分，我更愿意称致力于恢复我们身体自然健康的学科为疗愈学，而为我们提供身体疗愈建议的人，我更愿意称他们为心灵疗愈师。这些人，有的人是有天赋，有的人是经过了必要的训练，无论如何，他们是因为自己对这份职业真诚的热爱而走进心灵疗愈的领域，洞察我们外在表现出来的疾病状态和我们内在的限制性心理结构之间，直接而微妙的内在逻辑和联系，知道我们每个人都有能力依靠自己和必要的帮助，收到我们的“疾病”所传递给我们的信息，并通过自身的努力恢复身体的自然平衡状态。也就是说，相信我们的“心”，完全有能力将任何失衡的身体状况恢复成平衡状态状况，前提只有一个，只要我们允许。

一般情况下，我们对自己身体的自我疗愈的允许，需要以下几个步骤：

- 打开。让自己的身体安静下来，静下来，并循序渐进地打开自己的感受和身体的连接。

- 接触。注意自己身体的感觉，并尝试着去接触这些感受。
- 追踪。追踪这些感觉，不干涉。
- 扩展。让这些感觉将自己的力量释放。
- 流动。恢复身体的能量自然流动。
- 觉察自己创造这一切的过程，并将其中的能量收回自身。

（参考林坤桢《疗愈，藏在身体里》）

我不知道读者们对自己身体的了解程度如何，我会用几个问题来进行一些提示。

您的身体健康状况如何?

您是否容易感到疲惫?

在一天之中，您的身体的兴奋、平静、疲劳的周期是如何出现的?

您有一些“疾病”的症状吗?

您是如何看待这些“疾病”的? 他们是一些不可知的外力所引起的，还是被某种不可知的“病毒”所引起，还是被家族的遗传所导致，还是被身边一个“病毒携带者”传染? 这些，都是我们所熟悉并信以为真的疾病起因。

这些都是我们所习惯的和身体进行交流和对话的方式，甚至我了解的很多人，在身体生病之前，很少或者从未关注过我们的身体。其实，蛮可惜的。记得吗，身体之中，有着我们所需要的所有的答案，蕴藏着我们所需要的所有的智慧，这绝对不是一句玩笑。

现在，我来分享一种看待身体的建议。

当然，您可能假定自己是有形的生物，为肉身所束缚，囚禁于骨、肉和皮囊里。如果您相信您的存在要靠这肉体的形象，那您就会感到有灭绝的危险，因为凡肉体的形式都无法长存，而不论在年轻时多么美的身体，到老年都无法保有同样的精力和魅力。如果您认同于您自己的年少、美貌、聪明或成就，那么您便会因这些属性必然会消失而时常耿耿于怀。

既然，有那么一种可能，我们的身体，也是我们的“心”的创造物，同样是透过我们的“信念”、我们的“感受”和“情绪”来创造和表达出来的结果，那么，我们的身体，就可以理解为一个“能量”，或者您可以叫作“中和”以及“私欲”的活雕塑。活雕塑，顾名思义，一方面，是我们那纯心灵的部分进入到肉体，来体验物质世界，并“自编、自导、自演”一出出的喜、怒、哀、乐、悲、欢、离、合的好戏。另一方面，我们这个创造过程一直在延续，我们一直在创造的过程中，那么，我们自然也有能力来修改和重新选择我们的创造，我们是“活”的雕塑，并一直处在改变和成为的过程中。

既然相信这种可能性并不会损失什么，那么，为什么不试着去感受一下呢？不管您是否意识得到，我们一直在呼吸，我们一直在心跳，肠胃一直在忠实地履行自己的职责，头发和指甲，一直在默默地生长。皮肤一直在新陈代谢着表皮的细胞，血液一直在心脏跳动的推动下，不知疲倦地将身体所需的养分送到所需要的地方。这份我们看不见、摸不着的生命力，一直在支持和保护着我们，毫不吝啬地、源源不断地将生命的养分送至每一粒细胞。

让我们将那生命力想像为一条河水，一条永不止息的生命之河，大家在晚上准备入睡的时候，可以试着体验一下这条生命之河，从自己的身体里，或平静、或波澜壮阔、或急促、或缓慢地流过。

这是一个很有益的小小的练习，只需要在睡前占用您几分钟的时间。首先，请您以一种您觉得最舒服的姿势躺着，在这种姿势下，您可以长时间地躺着而不觉得累，甚至就是在这种姿势下进入梦乡，也是一个不错的选择。

现在，请您想像有一条宽阔的河流流经您的身体，从头到脚地流过，河水以一种舒缓又坚定的速度流过您的身体，请您用身体来感受这条河流。和所有的河流一样，这条河有的地方湍急，有的地方舒缓，有的地方甚至还有暗礁浅滩，河水流经这些地方时，激起了一个一个的漩涡。请您看着这一切，不论是平静还是奔腾的河水，请您看着这一切。

建议您从头到脚地感受这股生命力，感受河流流经您身体的每一部分，在身体的大部分地方，河流是像水一样顺畅地流过，也有些地方，因为地势的变化，河道会出现变宽或者变窄的情况，您的身体都能够感知到这一切，并感受着河水随着河道的变化出现不同的流动情况。有些身体部位有疼痛、发热的感觉，还是这样，只是看着，只是感受那疼痛，只是允许河流中的生命力像水一样地流过，不带任何意图地看着，就够了。允许河流将我们身体中所有不舒服、不适的地方都带走，允许河流将我们能感受到的不适的情绪都带走，就可以了。

这个练习的时间不用长，五分钟就足够，每天我们在身体里郁结的情绪、感受，可以通过这个练习得到很好的释放。

[今日功课]

进行一次生命之河的练习，并记录下来。

第五十七课
身体层面，继续实实落落依着他做去

闲话少说，书归正传。聊聊身体疗愈的万能钥匙。还是从我们的“心”透过信念创造万物说起，自然，疾病也不例外。我们现在的医学手段，可以帮助我们发现很多疾病的“罪魁祸首”，比方说各种各样的病毒，各种各样的细菌，等等。我们的药物，也主要是针对这些所谓的疾病的起因的，而且，随着现代医学的发展，药物的针对性越来越强，各个医药研究机构的实验室里，每年都有新的药物被发明出来，以针对某种细菌或者病毒，发现一种，消灭一种，毫不留情。

同时，还有一个疑惑挥之不去，实际上，这些表面上通常会导致我们生病的细菌和病毒，是大量而普遍地存在于我们所生活的世界里的，甚至，有些种类，还是我们身体的正常菌落的一部分，在身体正常的时候，我们的身体里同样可以检测到各种各样的菌落和病毒，只是在“疾病”发作的时候，我们会发现某种细菌和病毒的指标会异乎寻常的高。或者，有些病毒平常并不生存在我们的身体里，它们可能就散布在我们周围的空气里，或者寄生在我们身边的动物身上，或者平常就躲在某个角落里，直到我们的疾病发生的时候，我们就发现，有些平常不为我们所用的病毒，竟然在疾病中唱起了主角。

记得我们的全息投影吗，记得我们的“创造某种东西，让它真实地呈现在人性舞台上”的那个意图吗？如果，让我们生病的，是我们内在的“生病之意”呢？这些病毒和细菌，是我们方便地从自然界拿到的工具呢？是我们用来创造疾病的工具呢？药物可以一时地控制疾病的发展，可是，如果我们的“生病之意”还在，疾病还是会以别的方式卷土重来，或者有的疾病会一再重复地发生，直到我们拥有了某种“慢性病”。

还有那些疼痛，那些叫得上名字和叫不上名字的疼痛，找得着原因和找不着原因的疼痛，除了止痛片，我们对它们基本上束手无策的疼痛，它们的“欲痛之意”在哪里？我们应用止痛片对付疼痛的方式，基本上相当于我们看到一个电影会心痛，我们不想要这个心痛，我们就拿块布，把电影的屏幕画面盖上，不再观看的处理方式。但是，对会引起您心痛的那些故事，那些电影情节，没有起到丝毫的影响，因为是您人生的情节，这些令人心痛的画面，还是会一再地回来，一再地提醒您，直到您收到了这份让人心痛的画面之后的信息，并取回其中您自己创造的力量，这份疼痛才能够完成自己的使命，不再回来。

我在带领的身体疗愈沙龙里见到过这样一个情况。有一个20来岁的小姑娘，清秀而机敏，在沙龙开始的时候，她说她的颈椎疼，已经一周了。在开始打开的环节时，她的头部就不停地点头，不是很快，也不是很重，就那么有节奏地一下一下地点头，到了和身体的感受连接的环节，她的眼泪就开始不停地往下流，头部不停地上下点着，大概持续了20分钟。我建议她不做任何思考，就让身体自己表达自己的感受，一切顺其自然。等到整个冥想过程结束的时候，她竟然发现自己的颈椎不疼了。而在此过程中，她完全不知道发生了什么，她唯一所做的冒险就是，什么都不想，允许身体自己顺应内在的指引，去完成自己的疗愈。

这就是我们在使用身体疗愈这把万能钥匙时所需要做的唯一的冒险，就是放下头脑的判断、评判，允许身体自如地表达它自己。在这个过程中，您也许会接收到一些信息，那就允许这些信息自如地出现，您也许从头至尾都没有在头脑的层面接收到任何提示，这也没什么，因为确实不是我们的头脑在创造着这份疗愈，支撑着这个疗愈的过程发生的，是我们的“心”。

下面我来介绍一下身体层面，如何实实落落依着他做去。

1. 打开。让自己的身体安静下来，静下来，并循序渐进地打开自己的感受和身体的连接。

和所有的冥想一样，这个万能钥匙的使用，同样涉及一个让自己的身体安静下来的过程。或者说，静坐，是进入所有这一切自我疗愈的基础。这其中的道理实际上非常简单，我们的脑波，在正常清醒的状态和静坐下的清醒状态，会发生一些微妙的改变。

正常情况下，我们在过了 13 周岁以后，我们清醒时的脑波会进入左脑优势脑波，也就是我们常说的 β 脑波，13 赫兹以上，并且会随着我们年龄的增长而越来越高；静坐提供了一种可能性，让我们的脑波，在清醒的状态下，回归 α 脑波，也就是我们 8 ~ 13 赫兹的脑波频率，在这种状态下，右脑成为优势脑波，左脑基本处于休息状态。

左脑主要负责逻辑思考，右脑负责画面、直觉的部分。在右脑为优势脑的前提下，我们的疗愈会自然地发生。内在平静、放松也通常是在右脑的主导下实现。

所以，在使用万能钥匙的开始阶段，一个平静、安全的环境，是很有必要的。同样，在您已经能够熟练地使用万能钥匙后，您可以随时使用，和人聊天时，走路时，吃饭时，任何时候，您都可以自如地使用万能钥匙。

静静地躺下来，或坐下来。

从头到脚依次放松，同样，放松的方式也有很多种，您可以从“观呼吸”进入，您也可以从一个部位一个部位的放松引导自己。关键还是顺其自然，不用强求什么极快地进入平静，在开始的阶段，拿出一两周来让自己毫无目地进入平静状态，是一个基本功，磨刀不误砍柴工，这个平静的阶段，怎么强调都不为过。在您能够平静下来之后，这些所有的疗愈，才有可能发生。

静静地等待自己的身体平静下来，您有了一种似飘非飘的感觉，或者，您会感到自己的身体一部分一部分地不见了，当您把注意力依次放到自己身体的各部分时，您会发现那个部分会在您的关注之下慢慢地消融掉，随之而消融的，是它和外部接触的部分的感觉。在开始阶段，我会依次关闭自己的外部感受，从眼睛开始，虽然眼睛是闭着的，我会想像有一个帘子，分别挂在我的两只眼睛上，我会用意念将它们落下来，眼睛和外部的交互就暂时停止了；然后是耳朵，想像耳朵上各有一个三档开关，在意念的引领下，三、二、一、关闭，我们的耳朵停止从外界接收信息，当然，该听到的部分我们还是听得到，但这些声音，不再能够对我们产生影响；嗅觉、触觉，我们都可以发明自己的关闭方式，然后，我们就可以完全地将注意力放在我们的内在上。

这个过程可以在任何情况下使用，哪怕就是我在打字的当下，我也可以允许自己关闭所有的外部感受，将注意力全部放在自己打字的当下，只感受内在创造力的部分，通过我的双手，将需要表达的部分自如地传递出来。在写作的过程中，我是不动脑子的。我只需要怀着一种略带欣喜的心情，允许这一切自如地发生。

通常，到了这个时候，您的脑波已经进入了 α 脑波状态，这个转变十分明显，使得您的注意力很容易就可以分辨和您正常清醒状态下的不同。而在我面前的来访者，我可以准确地感知他们的脑波是否已经进入了 α 脑波状态，您可以称呼这个过程为浅催眠，不管您对这个过程赋予什么名称和意义，终归，您到了这里。

有些身体的部分自己跳了出来，不论您如何放松，这些部分总是在呼唤着您的注意力。也许是以一种酸痛的方式，也许是以一种紧张的无法放松的方式，也许是以一种热热的胀痛的方式，也许是以一种疼痛难忍的方式。如果是最后一种，您的脑波会很难降低下来，没关系，多给自己一些耐心，将那疼痛视为一个信息的传递者，让它疼，对它说“好的”，它不是来干扰您的，它只是一个信息，而您，就是在给自己一个机会，来接收到那个信息的。

就这样，您完成了打开自己的过程。

2. 接触。注意自己身体的感觉，并尝试着去接触这些感受。

对这些感觉，有的您已经很熟悉了，因为有些疼痛一直在折磨您，让您很不舒服，很难受，所以对这些感受，您还夹杂着很多长期形成的厌恶和逃避；有的感受会让您很惊奇，因为如果不是有这样的机会允许身体的感受自如地出现，您从来就没有注意到过这种感受。不论是哪一种，我的建议是，先感受一下，由于这份身体的感受存在，所带给您的切身感受。

有点复杂了，是吗？比方说，我们腿疼，我们会怎么评价这个腿疼，我们会赋予这个腿疼什么样的意义？我们可能会看到一个思绪飘出来，“我不知道怎么回事”；也有可能听到一个声音“让你多穿点儿你就是不听话，看，遭报应了吧”；也有可能想起有的书本上写着“关节疼痛是因为我们的生活承受了太多的压力”；诸如此类，不一而足。没关系，这是我们在习惯向外寻求答案时的习惯性思考，我们会把我们所了解的知识一样一样地套用在我们自身的情况上，一旦对上了，“叮”就成了，就是这样了，我们会将注意力挪开，进入下一个对外界事物的判断和解读，这个过程，我们是如此地熟悉和自动化演练，熟能生巧，毫不觉察这样处理问题时，我们已经远离了疼痛本身，继而远离了疼痛传递给我们的信号。

所以，在这里，我建议您不再跟着那些熟悉的思维方式奔跑，不再将能量灌注于我们的思维和想法上，试着将注意力停留在身体的感受本身。疼就是疼，痛就是痛，酸就是酸，麻就是麻，这个过程并不一定舒适，那些身体的感受本身，带给我们的直观感受，通常还真不是令人愉悦的，可是，也正是这份不那么愉悦的感受本身，促使我们习惯性地赶紧给这份身体的感受一个合理化的解释，这给了赶紧逃离这份感受提供了多么合适的理由啊！我们的逃离，有时候甚至是自动化的过程，在我们意识到以前，我们就已经逃离了这份不舒服的感受。

停在这份不舒服的感受里，本身就是勇敢。不再跟随对这份感受的评价性思维本身，就是勇敢。全然地面对这份感受，不管它带给您的是一份多么难以忍受的经验，就是一份莫大的勇敢。

或者说，我们的身体，同样也是大自然创造的一部分，我们看待我们的身体，可以抱着看待一朵花、一条小溪、一棵树一样的心态。当一朵花蔫了，或者一条小溪遇到了石头的阻挡，一棵树被雷电劈掉了几条枝桠，花会怎么办，小溪会怎么办，树会怎么办？它们会去评价这一切发生的是非对错吗？它们会将这些境况的发生和自己存在的必要性和正当性联系起来吗？不会的。它们只是看着这一切的发生，然后，自然地寻求解决之道。

花朵会扩展根系，寻求水源；小溪会慢慢地照常流动，直到水位上涨，漫过了石头；树木会在枝桠断掉的地方分泌保护物质，让断面愈合。这些存在于生物生存层面的智慧，同样存在于我们的身体内，当我们的身体表面出现伤口时，我们的血液会自然地分泌凝血因子，当我们的身体从高处跌落时，骨头会自然地发生变形，甚至折断，以减缓我们的内脏受到的冲击力，当我们的一部分脑组织受到损伤时，会有另一部分脑组织来实现我们受到损伤的脑组织的功能，通常我们称呼这种现象为“代偿”。

一旦我们开始信任我们的身体，相信一切看到的“疾病”现象，已经是我们身体自我疗愈的企图和行动的一部分时，我们就有能力，唤醒更大的疗愈力，并允许身体找到疗愈其自身的能力。

所以，当您的身体安静下来之后，在您身体的某些部位出现的那些感受，是最佳的提示信息。试着去接触那些信息，用您自己的方式，您可以看着它，看着那表面上并不舒服的感觉，您也可以试着对它说："好的，好的！"您甚至可以尝试着对它说："对不起，我让您受苦了，我的膝盖，有一些情况我不了解，在此之前我不知道，让您在替我承受这一切，对不起，请原谅我。"

而在您这样做的时候，一些新的情绪可能会出现，有可能是愉快的，也有可能是不愉快的。因为这些感受得到了表达自己的机会，在您的允许下，它们可能会尝试着将自己封存在其中的情绪释放一些出来。这是好事，绝对的好事，疗愈，就是这样开始的。

3. 追踪。追踪这些感觉，不干涉。

而且，到这个时候，您的注意力已经完全地集中在您身体某个部位的不舒服的感受上了，您从未如此和它亲近过，如此地和它在一起，如此地允许它表达它自己。而且，经常出乎您预料的是，身体有那么多的方式，来表达它自己。

我见过一个很奇怪的案例，在到了追踪这份身体的感受的部分，来访者开始坐在椅子上画圈圈，就是整个上身，以臀部为轴地画圈圈，顺指针画圈圈。事后他给我分享，画圈圈的时候，他的头脑中并没有任何念头，只是那样在画圈圈，不知道为什么，也不知道身体要做什么，甚至，他完全没有感受到自己需要解决的问题和这个动作之间有什么必然的联系。他要解决的问题是孩子在课堂上多动的问题，而他作为孩子的父亲，自身也存在无法久坐静不下来的问题。从小到大，他也一直被多动的问题所困扰。

就那么画圈圈，画圈圈，我建议他就这么跟随身体自己的感受，身体想画，就这么画吧，随着它去吧。

刚开始画的时候，可以明显看出他的身体僵硬而紧张，过了一会儿，他的头部开始做着摇头的动作，面部的表情充满了拒绝和抗拒，我建议，跟随那份紧张，对它说“好的”，允许那紧张充满全身。

来访者说他看到了一个画面，小小的他，只有一两岁的样子，被妈妈要求乖乖地坐着，不许动，不许说话，在妈妈的要求下，他非常想动，但是又要控制自己不能动，于是，他把自己想动的冲动，生生压抑了下去，因为妈妈的愤怒已经显而易见，如果他不能很好地控制想动的冲动，必然会让妈妈不开心。他不怕妈妈的惩罚，但他真的不希望妈妈不开心。为了让妈妈开心，他可以付出任何努力。

他的摇头代表了他不希望妈妈不开心的努力。我看着他为自己的妈妈所做的努力，在内心充满了对一个两岁的孩子的崇敬之情。我们做父母的，经常会忽略我们的孩子为了爱我们，可以将自己的行为和需要，调整到一个我们所认为的多么匪夷所思的程度。

那份情绪在他的身体里得到了呈现和扩展的允许，终于化作了他的眼泪，流了下来。他的身体被封存的情绪，开始流动了。就像河水中的一个暗滩，开始接受和允许流动的河水的冲刷了。

而在此之前，在他的内在信念里存在着一对冲突的声音，一个声音要求他自如地表达他的想动、想创造的生命力的原发的冲动，另一个声音是告诉他，不要动，那样妈妈会伤心。所以，在可控的范围内，他总是让自己的行动的呈现值降到最低程度，可是另一方面，没有得到释放的创造性的生命力，会经常以自己无法控制的方式体现出来，显示为多动的状态，就像一个扎得过紧的气球，在气体向外泄露的时候，往往已经超出了我们意识控制的范围。而绝大多数所谓的“多动症”，通常只是创造力在找不到出口的情况下的一种自然释放罢了，不管当这个“多动症”发作起来的时候，那表现的方式看起来多么的不自然。

这样的冲突情况经常存在于我们的内在信念体系。举个简单例子，我们的内在信念经常提醒我们要低调、不要凸显自己，因为那是一种看起来不太合群的行为；同时，我们的内在，又存在着一种要出人头地，让我们在某个领域有所建树的渴望。那么，如果不觉察这份冲突，我们的路上，经常会出现“进一步退两步”的奇怪现象。换句话说，我们将成为我们自己成功路上的阻碍。当这样情况下的一个人开始行动，那么他一定会收到来自自己和他人的提醒，并相信自我表现是可以的，同时，也是极为危险的，应该极力避免。

这样的冲突结果会以多种方式体现，也可能是一次错误的财务决定，也可能是一段完全不明智的亲密关系，或者，是身体的一次莫名其妙的疾病，将他所有努力取得的成就全部打回原地。

每一个人都是如此的独特，以至于在讨论的过程中，我简直无法去直接讨论形成人类日常经验的所有不可计数的、复杂的信念的枝桠，那基本上是一种不可能的举动。但是，我在做一个尝试，我希望，以某种方式，我能够列出足够“明确的概括”，以方便我的读者，就各自的生命经验而言，结合自己的实际情况，能够发现适合自己使用的可对照印证之处。

这一小节的重点在于，跟踪这些感受，不干涉。不管出来什么样的画面，不管当时的情形如何，试着，就这样看着这些画面，不进行任何评价和干涉。放下所有想去改变它、修正它、让它变得更好、使它变得有所不同的意图和愿望，在完全地了解和成为这个感受之前，我们能做的，只是追随它，成为它，任由它带领我们到任何地方。与此同时，我们的身体，也在以它自己独有的方式，引领着我们走上自己的疗愈之路。

4. 扩展。让这些感觉将自己的力量释放。

现在，到了最关键部分。

实实落落依着他做去。

阳明先生这句话，是所有的万能钥匙的核心和共同点，不然，怎么叫作一个万能钥匙的几个表现形式呢？

在静坐和冥想的状态下，您接触到了自己身体的感受，接着，您和自己身体的感受建立起了必要的连接，您追随它，跟着它，什么也不做，头脑完全不参与地与那感受在一起。这时，您所需要做的，就是，实实落落依着他做去。

您可以在内在允许那感受放大、扩展，以方便您进入那感受，成为那感受。

您的身体可能会以一种相当奇怪的方式表达它自己，我遇到过一些奇怪的情形，有的人会在这种情况下四肢拼命地扭动，有的人会抱着一本书不放，一只手急促地上下抽动，有的人会在腰椎已经瘫痪的情况下，匪夷所思地转动大腿。当然，大部分的情况下，人们只是默默地流泪，同时身体做着适度的前仰后合的动作，还有的人在嘴中发出“哦”“啊”的不由自主的声音。我只是想表达一个重点，不论发生什么，接受就好。不管看起来多么的怪异，您就是您，您自己的身体在寻求自己独一无二的解决之道。

关键是成为那感受。记得有一次，我的身体在一种极度憋闷的状态里，我实在不知道如何释放这种憋闷，就只能让那个憋胀的感觉充满全身，呼吸都因为这份憋闷，变得极为艰难。就好像是，一个不会游泳的人，要下定决心潜入最深的海底一样，我自己知道，不走过这份憋闷，我的生活中，还是会不停地创造出让我喘不上来气的场景。除了成为这份憋闷，我别无选择。

就在我觉得已经没有希望的时刻，我的身体，开始自己在床上以一种我绝对靠意识做不出来的频率抖动，不是轻轻地抖动，而是整个身体成了一片钢板尺，仿佛被人使劲砸到了桌子的一边，然后那个钢板尺自己靠着极快频率的抖动来释放多余的能量。从脚到头，我清楚地记得，不是从头到脚，我的身体开始像钢板尺一样地抖动，而且，一口气抖了半个小时，就像掉在地上、弹到桌边的钢板尺一样，不停地抖动。

半个小时后，抖动停止，我的意识，完全不知道发生了什么，只是身体的憋闷感没有了。那之后，这份憋闷感又回来过几次，一次比一次轻微，这时候的身体，会自然地开始钢板尺的释放过程，几次以后，这种憋闷感，再也没有回来过。我的生活中，也再没有出现那种让我憋得说不出来话、喘不上来气的场景。我的身体，释放掉了这份从小到大一直缠绕着我的令人窒息的感受，而随着这份感受的释放，我看到整个的创造过程，外在的事件，只是为了配合我自己的这份憋闷的感受而来，我，创造了这一切。

内在的力量感，不是像汹涌的波浪一样突然涌出，而是像一条小溪一样温暖地流遍了我的全身，好舒服。

对于身体自己找到的解决之道，我们真的是需要一个适应和允许的过程，还好，不论您的头脑中多么没有头绪，您的内在会有一个部分清楚地知道，这就是您所需要的部分，实实落落依着他做去，成为那感受，允许身体自己寻找到疗愈之道。

这是每个人都天然具有的能力，我们的内在累积的情绪，其实并没有躲藏，我们的情绪，只是累积在了身体里，形成了各种各样的形态，等待我们去发掘。记得吗，我们每个人的身体，都是我们内在信念的“活雕塑”，我们是自己身体的创造者，只要我们允许，那把随时可以改变我们的身体形态的“雕塑刀”同样也握在我们自己的手里。

5. 流动。恢复本来的状态，让身体的能量自然流动。

事情变得越来越简单了。到了能量的堵塞、固化、封闭，到了看透其假象，到了开始融化、流动的时刻，您可以做那个生命之河的冥想了，当然，您也可以什么都不做，只是沉沉地睡去。谁说睡眠中我们做的功课就比醒着的时候少了一分一毫呢？

事实上，我们在睡眠的过程中从来就没有停止的，就是我们的身体每天都要进行的自我疗愈的过程。我们在白天的生活中，难免会遇到一些情绪压抑、受负面暗示影响的场景，如果我们没有每天晚上睡觉的自我修复的过程，我们待在医院的时间比现在要多得多呢。

而且，顺便给大家分享一个每天睡觉前都可以进行的自我暗示的做法，尤其建议您在辛苦地工作了一天，心中还存留着一些无法解决的问题的情况下做这个自我暗示。睡前的暗示，具有着尤其良好的暗示效果。

- 请暗示自己，我的身体会在睡梦中被修复，明早起来，恢复健康；
- 我工作中的一些问题，在睡梦中会寻找到一些解决的方法和线索；
- 我生活的方方面面，都会在梦中得到很好的照顾。

这一部分的重点是，给自己的身体一个从情绪和感受中走过之后的恢复期，体验身体中细小如泉水的能量静静地流淌出来，当然，如果您的生命力以更旺盛的方式出现和回归，我们同样要心存感激和表示欢迎之意。

6.觉察自己创造这一切的过程，并将其中的能量收回自身。

体会到您的信念创造过去事件的过程后，尤其是经历了自己的身体的释放过程后，您会惊奇地发现，就是身边的事件，也同时发生了根本性的改变，因为，创造外部事件的不是别的，只是您内在的信念和感受，不论是通过哪一种方式从感受的层面上改变了您的内部信念，那么，外部的事件，也都同时得到了改变。

感激这一切的发生吧，不论这些事情带给您多少的纠结和所谓的“痛苦”，一次次地，我们走过事情背后的心理结构，我们一点点地挖掘着我们的“私欲”，直到有那么一个时刻，我们能够抽离开来，旁观着这一切，知道在信念的创造下，我们的自我在引领我们体验所有的情绪和感受。这种抽离到来的时刻，也就是我们的内在体验到人世生活的所谓“虚幻”的时刻，也就是我们彻底解脱的时刻。彻底解脱并不意味着玩世不恭，也不意味着愤世嫉俗，彻底解脱的状态，只是您突然明白，所有的一切都由您自己创造，您有权利，在任何时候、任何地方、以任何身份，重新创造您的世界。而同时明了的是，您所创造出来的一切，其实，根本就不存在。

[今日功课]

跟随冥想《身体的自然疗愈》。

网络地址：http://xima.tv/YaVZcu

第五十八课
精神层面，实实落落依着他做去

如果，您发现自己经常处在一种持续性的“私欲”里，或者某种负面情绪里而无法自拔，想想我们的“私欲”的种类，有哪些？

悲伤，派生出抑郁；愤怒，派生出暴怒；羡慕，派生出嫉妒；恐惧，派生出惊恐；爱，派生出依赖和占有……

现在，请允许我稍稍地介绍一下神经症的分类，没有这方面问题的读者，请自动略过这一部分的内容。

目前，在这一类精神困扰者身上存在的误解实在是太大了，所以会单独提出来。另一方面，长期处于持续性的“私欲”中的人，很难进入静坐的状态，前面所有的内容，他们可以读，但到了做些什么的时候，基本上就没有办法了，因为他们会发现自己怎么连静坐都安静不下来，徒增挫折感。所以有些单独的方法，得分开说。

常见的神经症的分类：抑郁性神经症、恐怖性神经症、强迫性神经症、焦虑性神经症、癔症和疑病性神经症。是不是看起来有些熟悉？基本就是那几种“私欲”的换一种说法！

是啊，名字上真的差不多。只是和一般人的“私欲”不同，被贴上了“神经症”标签的人，他的“私欲”具有以下几个非常突出的特点：

第一是时间长，和普通人的“私欲”会持续几分钟、几小时、几天不同，神经症的起点是三个月。三个月啊，整整持续90天，这还只是起步级的，90天起算，没有上限。

第二是植物神经也参与到创造异常现象的过程中。最典型的是恐怖性神经症，其中有一个“幽闭恐惧症”，很多有这个症状的人不能坐飞机，甚至想想都不行，一想到要坐飞机，就会坐立不安，手心出汗，甚至可以在寒冷的冬天汗如雨下；再打个比方，“场景恐怖症”，有的人不能去电影院，一进电影院，植物神经就会创造出大颗大颗的汗珠，从脸上哗哗地往下流。更别提焦虑性神经症发作的状态了，直接晕过去，什么也不知道了，看到植物神经对我们的保护机制了吧，实在受不了的刺激，晕死过去，醒来的时候，刺激也许就过去了。

第三个特点就更有意思了，通常情况下，我们做我们自己的主，只有生活中某些情绪失控的时刻，我们会被情绪控制。而在持续性的“私欲”的存在下，这种“私欲”似乎也具有了自己独有的生命力，开始反过来掌控那最初创造者的生活。这种情况下的静坐，还是以消灭掌控者为目的，您觉得有可能发生吗？

遇到这种相对极端的情况，想光靠意志力去把这份长时间持续的“私欲”克服掉，基本上是不可能完成的任务。怎么办？还是阳明先生那句话，实实落落依着他做去，做去，做去。

就这样？就这样。

举个强迫症的例子吧。

我接触过一些强迫症患者。到我面前时，来访者首先告诉我，“我是一个强迫症患者”。就像“我是一个抑郁症患者”，“我是一个焦虑症患者”，等等等等。这时候，我就会在心里轻叹一句，天啊，您是多么需要这份疾病标签啊！

一般情况下，我不会强行撕掉这个标签，只是问一句，您有什么症状？这时候，很多患者还是不停地告诉我他的病如何如何，让他受了多少罪，吃了多少苦头……我不会打断他，但是，我也不会分析这些内容。因为，他的目的是治疗所谓强迫症，如果只有分享完患者和这个病之间的亲密关系，才能进入正题，我可以等待。

我会一直等待，等待那一个时刻，等着他的问题真正浮现的那一刻，我会不带任何的预设，保持一个安静却警觉的意识心，进入治疗，开始寻找。

我在找什么？我在找这份强迫感受的真正来源。

我记得在第一个强迫症患者描述自己病情的过程中，不停地和我强调，老师，我好像被人控制一样，像一个行尸，像一个傀儡。

我问："那我可不可以这样说，您无法控制这份感受？"

来访者："是的，这份感受不像是我的。"

我在此时停顿了良久，我在寻找一种方式，来表达我这一刻的真实感受。这份感受，某种意义上来说，可以说不是他的，这在阳明心学的治疗中是很常见的情况。最后，我选择直接告诉他真相："这份感受的原发情绪的发源地并不是您的，但是您自己选择去承继这份感受，并赋予它力量，投射入实相。您愿意去探究一下这份感受的最初来源吗？"

来访者第一次听到这种说法，他愿意一探究竟。

可以这么说，这份感受，有很多种可能性来源，但唯一可以确定的是，这份感受的自然情绪发源地不是他自己，这是第一方面；很重要的第二方面是，这份感受虽然不是他的，但是他自己的选择。

说到这里似乎有些矛盾，他为什么要承继这样一份感受，让自己如此痛苦呢？如果是一个强迫症患者还会问，我为什么要做这样的选择？我如何做的这样的选择？是我的意识选择的吗？

这就涉及人性运行的一个重要法则，所有未被家族承认的人、承认的感受，都会找到机会呈现他们自己。这些强迫症患者所承继的，就是这样一种性质的感受，这种继承不是意识层面的选择，而是"全息干板"层面的选择。

这就使得强迫症具有以下几个显著特征：

- 首先是有一个仪式化的或者被强迫的、不得不做的行为；
- 强迫和自我反强迫同时存在；
- 认为这份强迫观念或者冲动是自己控制不了的；
- 感到自己异常，希望能够消除这种强迫行为，但无法摆脱，因而焦虑和痛苦。

一直以来，我们对这个强迫观念部分的归属，一直是认为属于自己，来自自我。所有的治疗也是针对这一部分，有森田疗法，顺其自然，希望让这个部分自然发挥，走完自己的旅程，这是放下反强迫，放下斗争；也有情绪释放法，希望这份感受自然过去，直到离开；也可以采用萨提亚的意象疗法，希望通过改变认知模式来使这份感受改变。现有的疗法，都是承认这是自我的一部分，并希望改变它，或者离开它，总之，是希望自己不再有这一部分。

我的认知稍有不同。我认为这个强迫仪式化的过程是自己在做，没问题。不同的是，这份感受的根源，不是自己的，而是自己选择的，自己选择去承继和承担的。这份感受的来源，只要我们保持足够的开放和觉察，找到根源并不困难。

此时，问题的解决就变得比较简单了。因为我们不需要再在这份强迫感受上去强加任何力量，去强加任何想改变它、修复它、离开它，或者与它交战的力量，我们只需要去看着它，甚至是饶有趣味地看着它。

而通过阳明能量棋（一个笔者研创的工具），这个被隐藏的人，或者是感受，经常就能够自然地呈现出来。随着这个人或者这份感受被呈现出来，被家族系统重新接纳，心理学上的疗愈也就自然开始了。

如果希望强迫行为消失，需要以下六个步骤：

- 找到感受的真正源头；
- 看到并成为那份不被接纳的痛苦；
- 看到自己选择这份强迫感受的原因；
- 接纳自己对这份强迫感受的选择；
- 看到这份强迫感受带给自己的信息资源和力量；
- 将这份力量拿回来，承认真实的自己，并感谢自己的整个创造。

这六个步骤是自然而然地发生的，不需要去强迫自己做什么，或者说，在没有完成第一步之前，直接做哪一步，都是在多多少少地强迫和勉强自己，如果这是您自己的选择，我尊重您的选择，但我，建议您不要去做任何勉强自己的事情。

所有所谓的“痛苦”，都是爱在一个地方被阻断了，如果没有阻碍，所有的爱都是自然而然地流动着的。只有找到这份强迫感受产生的最早隔绝点，并看到这个隔绝点之后所隐藏的爱，将被排除的回归系统，使得这份爱得以重新流动，随着爱的流动，我们才能看到自己在最初时选择这份强迫感受的原因，并真正接纳自己对这份强迫感受的选择。只有爱上了这份选择，实实落落依着他做去，我们才能真正感受到这份强迫感受之后的信息资源和力量，才能停止和这份强迫行为的斗争，才能将这份力量整合到自己的内在力量体系，并成长。

还是这样，只需要，实实落落依着他做去，做去，做去。

步骤一：找到感受的真正源头。

这是最有意思的一部分，您投射出的这份强迫行为，细细地和它共处一段时间，不用急着改变什么，只是，有这么几个方面，您是可以从您那拥有着强悍力量的强迫行为中找到您自己的答案的。

强迫行为要表达的是什么样的情绪？

强迫行为如果是正常的，这个人是男是女？

强迫行为如果是正常的，这是多大年龄的人会做的事？

强迫行为如果是正常的，当强迫行为发生时，通常会伴随强迫行为出来的念头是什么？写下来。

您和自己的亲人的对话模式是什么？写下来。

如果这个强迫行为不发生，会发生什么可怕的事情？写下来。

直接问，这个强迫行为，您代表的是谁？

您的穿衣风格是哪一类？

您的说话方式是哪一种？

您有没有说不出原因，但特别喜爱的活动？都记下来。

允许自己从一切渠道获取答案，包括走在路上灵光一闪的洞见，和在梦中看似荒诞不经的提示。您内在的自我一直在尝试着把答案告诉您，强迫行为的目的也不过就是想让这份被人为隔绝的感受回归。它没有任何想难为您的意思，您的内在深刻地了解这一点，所以，只要您找，答案就在身边。只是您将自己的人生课题设计得比一般人更加精妙一些，更加曲折复杂一些，这只是喜欢下跳棋和下围棋的区别，本质都是为了使自己在人生历程中享受到充分的乐趣。

这个过程可能会花费您上月的时间，甚至半年，又如何呢？强迫行为的产生，也不是一天两天的事情了。在这个过程中，您只需在它出现的时候，问它这些您想了解的问题，其它的时候，您可以该干嘛干嘛。记得吗，勿忘勿助，仅此而已。

您觉得有眉目的时候，如何验证呢？很简单，把答案放回到强迫行为发生的现场，把这个人、这个感受放回到案发现场，您会发现，所有的看似不合理的行为，竟然都能够说得通了。

分享几个别人找到的强迫行为的源头和解释，您就能明白，我们的内在是依照什么样的联系在运作了。

一对父女两代均是强迫性尿床，分别长达 20 年，均到结婚停止。现在到第三代的孩子 13 岁，从不在家里之外的地方上厕所，几成痼癖，造成了很大的不方便。最后找到的感受根源是一个叔爷，从小被送到了戏班，司青衣，长大后成了男妓，靠出卖自己的肉体为生。一方面，他将挣来的钱都交给了家里，另一方面，家族以此人为耻，将他抹出了族谱，仿佛这个人就没有存在过。他们一家三代所固守的，要呈现的，就是这份羞耻感，而尿床和不在外面上厕所，都是和生殖器的自控力直接相连的行为。

将这份感受回归家族后，孩子很自然地就可以在学校上厕所了。

某男强迫性清洗，一天要洗手几十次，最少洗两次澡，一年四季，从不间断，很是苦恼。找到的感受根源是一个少女时代被强奸的祖辈，事情发生后，整个家族以此为羞耻，认为这个少女已经不干净了，很脏。具体发生了什么不知道，但这份脏是家族所不能忍受的，很快就将这个少女处理掉了，不再提起。这个人的不停清洗，就是在内在的全息干板上，认为自己是脏的，必须使劲洗，不停地洗，才能与自己之前并不觉察的“脏”相对抗。

当我们的内在带着爱还了这个少女一个干净并将她回归家族后，他的强迫清洗的行为就结束了，因为确实没有再存在下去的必要了。

仔细去看，不管出来多么不靠谱的信息，记下来，点点滴滴地记下来，慢慢地，它们自己会连成一个完整的故事。终于有一刻，您会恍然大悟，天哪，原来是这样！我给自己设的这个机关，可是真够巧妙的！

步骤二：看到并成为那份不被接纳的痛苦。

步骤三：了解自己选择这份强迫感受的原因。

步骤四：接纳自己对这份强迫感受的选择。

步骤五：看到这份强迫感受带给自己的信息资源和力量。

步骤六：将这份力量拿回来，承认真实的自己，并感谢自己的整个创造。

后面的步骤和第一种万能钥匙的使用异曲同工，彻底地成为那痛苦，实实落落依着他做去，是后面所有步骤的核心。步骤四是单独的同时也不可分割的一个重要步骤，目的是了悟自身和这份感受之间的联系，以及自己对家族那深沉的可以献上自己最高的包括生命的爱。当然，最后承认真实的自己，也是重中之重的过程，通过这个过程，您的第二阶段，会自然而然地顺利度过并回归您的内在，在您之内，有所有问题的答案，只看您有没有给自己一个寻找的机会。

[今日功课]

您有没有强迫症，如果有，试着修习一下。如果没有，进入下一课。

第五十九课
结果，很自然地到来，善留下，恶离开

一个转化就这么自然而然地发生了，这个发生不仅体现在您对一个事物的评价上，在更多的层面上，这种转变，都在悄然发生。

记得您在餐馆的那场愤怒吗，那次之后，您对自己的内在进行了深入的觉察，您发现那愤怒实际上早就在自己的内心积压很久了，厨师把炒咸的菜用清水煮了煮就又端了出来，您觉得他们不尊重您。您进入了那份愤怒和不被尊重的感觉，彻底地和这愤怒与不被尊重的感觉融为一体，您会觉知和了悟到，没有人能激怒您，除非您允许；没有人会不尊重您，除非您自己这样认为。也许您能够了解发生了什么，也许厨师把盐当做味精又放了一次，而那个味精罐，是一个漫不经心的小工错把盐当做味精倒了进去；而后来，厨师是拿最高等级的高汤又把您的菜吊了一遍，这样在降低盐味的同时，又增加了菜品的鲜美，只是那高汤，清澈如水。您只是没有考虑到这种可能性，或者，您没有给厨师任何解释的机会。不论如何，您对发生的事情的解读，是由您内在早已存在的心理结构所决定的，您只是创造了一个必要的事件来让这个结构呈现出来。

等到您体认到这份创造的过程的一刹那才彻底明白，原来，不管是厨师还是服务员，都是来配合您的角色的，他们说的每一句话，做的每一件事，都是经过您的内心同意的，甚至，是您的内心在深深地渴望着他们说这样的话，做这样的事，他们才来配合您的演出的。在这场演出里，他们同样要忘了自己的本来面目，将爱藏起来，才能够严丝合缝地配合您演好这场对手戏。

重新回到服务员第二次将菜端来的瞬间，回到那个开始让您感到不舒服的场景，同时，感受您的内心。如果您还是感受到任何不舒服的感觉，请再次使用万能钥匙，彻底地全然地成为这种不舒服的感觉，将蕴含在这份不舒服中的力量拿回自己的身上。重复这个过程，直到您再也没有不舒服的感觉出来。您只是看着服务员将菜端了回来，您只是微笑着感谢他为您所做的一切，要知道，您现在面前的这盘菜，同样是您的内在创造出来的，它的好吃不好吃，它的味道和品质，同样是由您的内在所决定，您绝对是吃到了和您的内心完全匹配的菜！

就像您的行为永远匹配着您内心的良知一样，您外在的一切，也都在完美地配合着您内在的全息干板，毫无差错。

而随着一个接一个令您难受的点依次转化，原来的“私欲”慢慢地消失了，“良知”的出现，就变成了自然而然的过程。“良知”是您不需要做一点点努力的，它就在那里，除非“私欲”将它遮蔽，“良知”的光芒永远不会被损伤一丝一毫。

阳明先生打过这样的比方：

“喜怒哀惧爱恶欲，人称七情，七情都是人心固有的，从良知中生发出来，需要良知去调控。七情好比浮云，良知好比太阳。太阳不会总停留在一处，但无论如何，只要有一线光明，就全是阳光所在处。天空即便布满云雾，只要太虚中还能分辨颜色和样式，便为阳光不灭处。不能仅因为云能蔽日，就要求天不产生云。七情顺其自然地流露，也是良知在起作用。但是又不能太执着。一旦执着，七情便都成为私欲，都是遮蔽良知的。当然，稍有执着，良知就会发觉。发觉了就会克除遮蔽，恢复本体了。”

多么美好的比喻！将良知和情绪的关系，描述得充满诗情画意。我们的情绪，自有良知来把握其程度。只要踏踏实实地按照万能钥匙的程序去做，自然能够收获善留恶去的结果。

这时候您可能要问了，多少情绪算是合适呢？每个人的情绪都一样多吗？

我们继续使用阳明先生的比喻，良知是太阳，情绪是浮云。全世界的人都可以创造这样的景象，或者说，都能看到这样的景象。可是，就像在我们地球上，存在着很多种气候条件一样，我们的内在，也同样存在着多种多样的心理环境和气候。这样的心理环境和气候并不比地球上的地理环境和气候简单一丝一毫。

就像地球上有山川、河流、沙漠、草原、森林一样，我们的内在心理环境也有和这些地球上的地理环境相对应的部分。举个简单的例子，一个江南的女子，在她的个性部分里，很容易就可以找到如梅雨季节时的婉约和精致，如果您要求她展现出草原女子的豪迈，那还真是难为她了；同样，一个在中国东北生活到中年的人，如果突然到了苏州生活，那么，他同样会有诸多的不习惯，他所展现出来的外在行事方式，总是带着大兴安岭白山黑水间的直接和开阔，和苏州“咫尺之内再造乾坤”的精致构筑且得磨合一阵子呢。

我们每个人的内在，同样有着自己的心理和气候环境。有的环境云自然多些，因为有大片的森林在其中，穿过森林的河流需要丰沛的降水；有的环境云自然少些，因为内在是一望无际的大草原，“风吹草低见牛羊”是这个环境的主要基调。

和每个人的世界都是独一无二的一样，我们的内在环境更是独此一家，别无分店。除了我们自己，没有人能够判断我们的云是多了还是少了，或者评判我们的情绪应不应该发生，也没有任何人有权利去做这样的判断。其实，就连我们自己，去做这样的判断，也是一件徒费功夫的事情。

情绪中包含着我们用来创造的力量，在第二阶段，所有的重点是拿回我们的力量，有意识地觉知我们的力量创造的过程。而对于创造的工具——我们的情绪，对它品头论足，是无助于我们收回自己的力量的。工具就是个工具，喜怒哀乐，是我们用来雕塑我们经验的工具，评价一个情绪要好过另一个情绪，就像我们硬要说阳光普照要好过阴雨连绵的天气一样，对于土地和土地上生长的庄稼，这两种天气都是必要且极好的。

只有当太阳一直照着不下雨造成了旱灾，或者雨下得太大太久造成了洪灾，这时候您才知道是有什么地方不对劲了。但就是这旱灾和洪灾，对塑造我们的经验，同样有着积极的意义在里面。只有当您认为需要改变的时候，万能钥匙才能起到作用、派上用场。那改变的意图和力量，同样来自您的内心。正是在这样的意图之下，您可以借鉴阳明先生的理论和方法，把它作为一个工具来用吧，阳明先生不介意去帮助您完成内心的“改变之意”。您所需要的结果，是从您的“改变之意”而来，也只能在您的内心完成，从来不在外在的什么地方。

[今日功课]

今天有没有又认出一点自己创造的部分？

第六十课　情绪的真相

当我们使用万能钥匙一点一点地深入我们的内心，去面对和成为我们的情绪，并自然地实现情绪的转化的时候，我们面对这个世界的“知性”也在悄然地发生变化。由于万能钥匙改变的是您的“全息干板”——也就是您内在的“知”的部分，同样，因为“知行合一”，您外在的“行”也会自然地发生变化。

我们每一个人，都是“知”“行”合一。而在“知”中，最容易被我们觉察到的情绪，自然也就成为了我们在修行过程中的一个重要参考系。得益于近年来如雨后春笋般的新时代心灵导师的出现，人们在进入21世纪的同时，也总结出了情绪和能量之间的连接关系。感谢大卫·霍金斯，这个从17岁第一次有了开悟的经验后，到了31岁，正式开悟的神奇的人。从此之后的30多年，他只干了一件事，就是将情绪和能量之间的联系一条一条地建立了起来，还标上了数值！多么不可思议的奇迹啊！能让所有的情绪实实落落依着他做去，就是“致良知”。感兴趣的读者可以自行研读。

“灭私欲”，并不是要消灭什么，恰恰相反，是允许我们所有的自然情绪由感而发，应时而出。我们压抑下去的情绪，从来没有消失过，他们化身限制性心理结构，以小蛇咬尾巴的形式，一遍遍地，在生活中呈现他自己。同时，我们接纳和允许了的情绪，就会自然而然地服务于我们的生活，让我们在生活中如鱼得水，如开了外挂一样地心想事成。

[今日功课]

重画人性图。

就到这里，就到这里吧。

休息，休息一下。

作者简介

海凌

北京市和润心理健康公益服务中心发起人，润心救援队队长以及总督导，阳明能量学创始人。中国专业人才库心理学专业人才心理督导师。国家二级心理咨询师，国家一级危机干预师。长期致力于中国传统文化和当代心理学前沿成果的比较研究、创新应用与推广。

内容简介

本书融合阳明心学与当代心理学成果，兼顾圣贤功夫与世俗智慧，不仅可以作为阳明心学修习者的专业用书，同样可以作为危机干预师、心理咨询师、家庭治疗师、社工人员的学习用书，更是每个渴望身心和谐的人的必读书籍。作者以活泼新颖的理论解读，结合大量实际场景及案例，启发读者将阳明心学活进自己的日常，去尝试解决生活中原来看似无解的难题，建立和谐而充满无限可能性的生活基础。

责任编辑/ 陈学英 马英华

装帧设计/ 蓝旗营文化 LAN QI YING WEN HUA

封面绘制/ 刘 车 wechat 17010056474